湖南省普通高等学校教学改革研究项目重点项目资助：立德树人视域下伟大抗疫精神融入新时代医学生理想信念教育的研究与实践（项目编号 HNJG-2022-0141）

中华优秀传统文化 与高校思政教育研究

童千千 ◎ 著

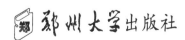 郑州大学出版社

图书在版编目（CIP）数据

中华优秀传统文化与高校思政教育研究 / 童千千著 .
郑州:郑州大学出版社, 2025.8. -- ISBN 978-7-5773-
1116-6

I. K203；G641

中国国家版本馆 CIP 数据核字第 2025WA0113 号

中华优秀传统文化与高校思政教育研究
ZHONGHUA YOUXIU CHUANTONG WENHUA YU GAOXIAO SIZHENG JIAOYU YANJIU

策划编辑	宋妍妍	封面设计	毕秀林
责任编辑	吴 静	版式设计	毕秀林
责任校对	宋妍妍	责任监制	朱亚君

出版发行	郑州大学出版社	地　　址	河南省郑州市高新技术开发区
经　　销	全国新华书店		长椿路11号 (450001)
发行电话	0371-66966070	网　　址	http://www.zzup.cn
印　　刷	郑州宁昌印务有限公司		
开　　本	710 mm×1 010 mm　1/16		
印　　张	8.75	字　　数	141千字
版　　次	2025年8月第1版	印　　次	2025年8月第1次印刷

书　　号	ISBN 978-7-5773-1116-6	定　　价	62. 00元

前　言

　　中华优秀传统文化源远流长、博大精深，凝聚着中华民族自强不息的精神，承载着中华民族的智慧结晶和文化精髓。求木之长者，必固其根本；欲流之远者，必浚其泉源。文化是一个民族生存和发展的重要力量，长久以来，中华优秀的传统文化以其独特的魅力和卓越的价值深刻影响和塑造着中华民族的思想观念、道德规范和行为方式，为中华民族克服困难、生生不息提供了强大的精神支撑。

　　中华优秀传统文化与社会主义核心价值观高度契合，高校思想政治教育理论课作为培养社会主义建设者和接班人的重要途径和手段，肩负着传承中华优秀传统文化、弘扬中华民族精神的使命，需要将思想政治教育课程同中华优秀传统文化精华贯通起来，引导学生深入了解和传承中华优秀传统文化，培养学生的民族自豪感和文化自信，增强其文化自觉和文化认同，提升其思想政治素质和道德情操，使他们树立正确的历史观、民族观和文化观，为建设社会主义事业做出贡献。

　　中华优秀传统文化可以通过多种形式贯穿于思想政治教育过程中，从而提升高校思想政治教育的文化含量，增强立德树人的实效性。本书阐述了中华优秀传统文化与高校思想政治教育融合的必要性，分析中华优秀传统文化与高校思想政治教育融合的现状，研究中华优秀传统文化在高校思想政治教育中的实施路径。本书旨在为中华优秀传统文化与高校思想政治教育的融合提供一定的借鉴与参考。

本书在撰写过程中，吸收了部分学者、专家的著作与成果，在此表示由衷的感谢。由于作者水平有限，书中难免存在不足，恳请广大读者批评指正！

童千千

2025 年 1 月

目 录

第一章 传统文化概述

第一节 传统文化的内涵与特点

一、传统文化的内涵

（一）文化、传统文化与优秀传统文化

"文化"一词源于古拉丁文，本义是"耕作""教习"和"开化"。在中国，最早将"文"与"化"关联起来的是《易经》，"观乎天文，以察时变；观乎人文，以化成天下"。汉代刘向在《说苑·指武》中提到"文化"一词："圣人之治天下也，先文德而后武力。凡武之兴，为不服也；文化不改，然后加诛。"自此开始，"文化"这一词汇便开始频繁出现，其内容和含义也被不断扩充，但总体上都有"以文教化"的意思，也就是现代狭义上的文化。英国的文化人类学家泰勒于1871年出版的《原始文化》中，将"文化"作为一个中心概念提出来："文化是一个复杂的总体，包括知识、信仰、艺术、道德、法律、风俗，以及人类在社会里所获得的一切能力与习惯。"[1] 这一观点在文化史研究中具有极大的影响，可以说是文化史相关研究的奠基石。

古往今来，人们在使用"文化"的概念时，对文化内涵和外延的理解存在显著差异，因此文化的定义可以分为广义和狭义两种。文化的广义定义侧重于人类与其他动物、人类社会与自然之间的本质差异，以及人类在

---

[1]泰勒. 原始文化[M].蔡江浓，编译.杭州：浙江人民出版社，1988：1.

自然中脱颖而出的独特方式。它的覆盖面非常广，因此也被称为"大文化"。梁启超在《什么是文化》一书中指出，文化是人类灵魂可以释放的、非常宝贵的共享产业。这种"共享产业"包括认知、规范、艺术、工具和社会等多个领域，能够帮助人类更好地生活在这地球之上，发展出更加优秀的文化与产业。

面对如此庞杂的研究对象，解剖文化的结构就成为文化研究的首要任务。物质文化和精神文化是文化结构的两个重要组成部分；文化结构也可分为四个层次，即物质文化层、制度文化层、行为文化层、心理文化层。

第一，物质文化层由人类基于自然过程创造的各种工具组成，被称为"物化知识的力量"，是人类物质生产活动及其产品的总和。它是文化的有形和可感的对象，是一切文化创造的基础。物质文化旨在满足人类最基本的生存需求——衣服、食物、住所和行为目标，保障人类生活、发展的生理需要。它直接反映了人与自然的关系，反映了人类对自然世界理解、把握、利用和改造的深度，反映了社会生产力的发展水平。

第二，制度文化层由人们的社会规范和社会组织在社会实践中的发展构成。人类物质生产活动是一种社会活动，只有通过形成一定的社会关系才能实现。与动物相比，人类的高明之处是在为自己服务的同时创造物质财富，但这也限制了人的社会环境。人们创造了一系列处理人际关系的规范，并将其规范为社会制度、经济制度、婚姻制度、家庭制度、政治制度和法律制度等。尽管这些文化成就与自然没有直接关系，但它们的特征和发展水平最终取决于人类与自然之间某种形式的物质交流。

第三，行为文化层是人类在社会实践中，尤其是在人际交往中的习惯模式构成的，具有鲜明的民族性和地域性。不同的地域和民族有着不同的行为文化，各地区、各民族的行为共同构成了灿烂的行为文化。以民风、民俗形态出现的行为文化有三个特征：首先，它的产生是社会的、集体的，不是个人有意无意的创作；其次，它的存在不是个别现象，而是集体性的、类型的或模式的；最后，它们在时间上是传承的，空间上是传播的。

第四，心理文化层也称心态文化层，是由人类社会实践和意识活动长期孕育出来的价值观念、审美情趣、思维方式等构成的。这是文化的核心部分。心态文化又可分为社会心理和社会意识形态两个子层次。社会心理是指人们日常的精神状态和思想面貌，是尚未经过理论加工和艺术升华的流行的大众心态，诸如人们的要求、愿望、情绪等。社会心理较直接地受到物质文化和制度文化的影响和制约，并与行为文化交融互涉，互为表里。社会意识形态则指经过系统加工的社会意识。它往往是由文化专家对社会心理进行理论归纳、逻辑整理、艺术完善，并以物化形态 —— 通常是文字著作、艺术作品等形式固定下来，播诸四海，传于后世。

文化的广义定义是基于对人为什么是人的理解。它认为，文化的出现将人从只有动物思维转变为一个创造、组织、思考、说话和计划的人，从而将人类社会历史和生活的各个方面纳入"文化"的定义中。一般来说，文化哲学、文化人类学等学科的研究者都持有这种文化世界理论。与广义文化相对的是狭义的文化。文化的狭义定义也被称为"小文化"，因为它排除了人类社会历史中的物质创造活动及其结果，强调精神创造活动及其成果。在汉语系统中，"文化"的本义是"文化教育"，也属于"小文化"范畴。

文化的广义概念和狭义概念有不同的范围，文化广义和狭义概念的运用取决于研究者的学科、主题和内容。本书肯定了"大文化"的概念，但主要探讨"小文化"范畴内与精神创造领域相关的文化现象。

"传统文化"是由"传统""文化"两个概念组合而成的。所谓"传统"，指世代传承的、具有自身特点的社会历史因素，如逐代延续的思想道德、风俗习惯、文学艺术、制度规范等。在中国古代，"传统"的概念更偏重于"传"的相传继续和"统"的世代相承的某种因素的整体含义。传统文化的概念就是建立在以文化为合理内核，在历史环境中形成、演变、积累、沉淀并成形的，可以世代传承的，具有一定精神特质的民族文化上。因此，并不是历史上出现的所有文化都可以称为传统文化，只有那些具有历史意义、现实价值和生命力的文化才能被保留和延续。这些具有重要价值和生命力的经典文化才能被称为传统文化。简言之，传统文化是人类社会历史发展过程中积累的，渗透到民族整体意识和行为中并代代相传的，最具生命力的文化，是能够影响人类生活和发展的重要文化，可以让人类拥有美好未来的文化。无论西方国家还是东方世界，都有着自己辉煌而又灿烂的文化，这是每一个国家和民族的精神家园，是民族团结傲立的精神脊梁，是任何一个民族和国家都不能抛弃的瑰宝。

中华优秀传统文化，根植于中国这片沃土，与中华民族血脉相连。它有一个漫长的历史发展过程。在这个过程中，一个稳定的中华民族形态出现并发展起来，可以从文明的角度团结中国人民，增强民族凝聚力。它是一个代代相传的经典文化体系，影响着整个中华民族的社会历史进程。中华优秀传统文化是代表中华儿女的特点、面貌和风格的民族文化。它充分反映了中国人民历史上的各种思想、文化和意识形态，独具民族特色。中华优秀传统文化是几千年中华文明的产物。这个文化体系包含了广泛的精神文化，包括在中国土壤上生发的各种理论，以及不同历史时期产生的优秀物质文化等众多文化形式。中华优秀传统文化是历史的结晶，具有强大的生命力。优秀传统文化中代代相传的思想、价值观和行为规范具有很强的历史意义和实践性，不断影响和制约着中国人。它为创造新文化提供了历史和实践基础。中华优秀传统文化是在几千年的历史长河中都没有中断的文化，生命力极其顽强，是世界上最古老、最系统的文化之一。它以丰厚的历史文化底蕴滋养着一代又一代的中国人民。因此，中华优秀传统文化不仅对中国社会和历史的发展起到了巨大的推动作用，而且对整个世界文化的发展和繁荣也具有重要的意义。

（二）传统文化的多维度释义

1. 从其根源和功能来理解

中华传统文化是中华民族在中国古代社会形成和发展起来的比较稳定的文化形态，是中华民族智慧的结晶，是中华民族的历史遗产在现实生活中的展现。其思想体系主要体现在三个方面：一是凝聚之学，中华传统文化是具有内部凝聚力的文化，这种文化的基本精神是注重和谐，把个人与他人、个人与群体、人与自然有机地联系起来，形成一种文化关系；二是兼容之学，中华传统文化并不是一个封闭的系统，在中国古代对外交往受到极大限制的情况下，其还是以开放的姿态实现了对外来文化诸如佛学等的兼容；三是经世致用之学，文化的本质特征是促进自然、社会的人文之化，以"究天人之际"为出发点，落脚点在"修身、齐家、治国、平天下"，力求在现实社会中实现价值。

2. 从时间维度来理解

中华传统文化是包括中华文化的过去式、现在式和将来式的文化。

第一，文化的过去式，即中华先民从夏商周至近代所创造的哲学、科技、教育、文学、艺术等成果，以及中国古代的价值观念、思维定式、风俗习惯等，这些构成中华传统文化。

第二，文化的现在式，即从过去一直延伸到现在的文化观念。这里需分清"传统文化"和"历史文化"的界限。由于文化具有不断产生又不断淘汰的特征，所以得以积淀、保存、延续下来的传统文化是具有生命力和重要价值的。任何时代的文化都不是空中楼阁，其必然继承和发展传统文化。那些曾经出现在各个历史时期的文化现象，虽曾流行一时，但其在当世作用和价值不大，更对后世无影响和作用，这些便为历史文化。因此可以说中华传统文化在当代的作用和影响就是中华传统文化的现在式。

第三，文化的将来式，即对未来的文化建构产生作用和影响，成为未来文化重要组成部分的文化。文化是一条不息的河流，今天的文化是昨天的演变和发展，明天的文化是今天文化的必然延续。同理，中华传统文化典籍中所包含的伦理观念、生活态度、价值体系、思维方式，不仅存在于过去和现在，而且毋庸置疑地会对未来社会产生重要影响，这就是中华传统文化的将来式。

中华传统文化是中华文化的精华所在、精神所在、气魄所在，是体现民族精神的价值内涵。它在中华民族发展历程中，在中国思想文化发展历史上，曾起过积极的作用，迄今仍有合理价值，能够为中华文化的现代传承和创新发展起到推动作用，能够促进社会进步和民族发展，主要体现于思想文化的层面。

简言之，中华传统文化就是中华民族长期发展过程中形成的、有着积极的历史作用、至今具有重要价值的思想文化。诸如器物文化中的卓越的工艺品，以及制度文化中的某些精粹成分等方面，同样属于传统文化的范畴。然而那些卓越的工艺品和精粹的管理思想，是由相应的思维方式、价值取向和审美情趣所指导、决定的，蕴含着特定的精神内涵。因此，把传统文化纳入思想文化的范畴，或者说从思想文化的层面发掘传统文化的现代价值，并不为过。

从操作的层面看，我们所要传承弘扬并创新发展的中华传统文化，主要是无形的方面，正所谓"形而上者谓之道"。以爱国主义为核心的中华民族精神，天下为公的崇高理想，己立立人己达达人、己所不欲勿施于人的忠恕之道，贵和尚中的和谐思想，等等，都是无形的精神财富，是生生不息、代代传承的中华民族价值观的正能量。今天所要弘扬的中华传统文化，要建设的中华传统文化传承体系，正是从精神内涵的层面切入，以思想文化为主导的那些内容和范畴。

（三）中华传统文化的形成环境与条件

1. 地理环境及其影响

每一种文化都是在特定的地理环境中产生和发展的。不同的地理环境是不同类型的文化特征产生和形成的深层物质基础。

中国位于亚洲东部，太平洋西岸，除了东南部和东部面向海洋外，东北部、北部、西北部、西部和西南部都与欧亚大陆相连，但被河流、沙漠或山脉隔开，形成了一个相对封闭的地理单元。在自然屏障的包围下，这种封闭性成为中国地理的第一特征。更具体地说，中国西部有帕米尔高原。喜马拉雅山脉是世界上最高的山脉，在中国和南亚之间形成了难以逾越的自然边界。西南横断山脉、河流和热带雨林构成了中国与南亚和东南亚之间的天然屏障。中国的北部被广阔的草原和沙漠所包围。中国东部和东南部有绵延的海岸线。

中国自然地理环境对传统文化的影响是多方面的，主要表现在文化多样性和地域性两个方面。在中国古代，中原地区和东南部以农业为主，西北地区以畜牧业为主。这与欧洲农业和畜牧业的交错发展有很大不同。同时，由南向北的温度、湿度变化使得水稻农业主要分布在秦岭淮河以南，秦岭淮河以北至长城主要种植小麦，畜牧业主要分布于长城以北。这些地域差异客观上构成了中国多民族、多经济、多文化共存的天然物质基础。中国历史上长期缺乏向外开放的动力，从某种意义上说并不是地理的阻隔，而是中国的地理条件过于优越。有利的地理环境，加上古人的辛勤劳动和智慧，使古代中国在现代西方文明兴起之前长期保持了领先地位，导致中国统治者形成以自我为中心的观念，认为世界上没有比中国更加厉害和优秀的国家。一面临海、三面环山的地理环境，使中国成为一个相对封闭的地理单元，因而中国古人错误地认为自己生活在"四海"之内、"天下"之中。这种构想，产生了两方面的影响：正面的影响是增强了中华传统文化的向心力，使中国长期维持了大一统的局面并获得了不断的发展和壮大；负面的影响是自我陶醉、自我封闭观念蔓延。在古代中外交通史上，不避艰险、不远万里来到中国的各色外国人远远多于走出国门的中国人，甚至当西方人千方百计寻找通往中国的新航路时，封建的统治王朝却实行"闭关锁国"政策，就连早已开辟的陆海通道也弃之不用了。

2. 经济基础

中国传统的经济形态是农耕经济，农业给古老的中华民族提供了基本的衣食之源，创造了相应的文化环境，同时还影响了中国传统的畜牧业、手工业和商业的发展。因此可以说，农业是中华传统文化深厚的经济基础。

中国是世界上最早经营农业的国家之一，也是世界上为数不多的农业文明中心之一。关于我国农业的起源，史籍中有许多说法，诸如神农氏、烈山氏、炎帝之子、周人始祖等说法，司马迁也曾表示农业为黄帝所发明。考古研究发现，农业在一万年前新石器时代到来之际便已存在。大致说来，黄河中下游一带的远古居民是粟、黍等旱地农作物种植的发明者，而长江中下游一带的远古居民是水田作物种植的发明者。

在4000—5000年之前，中国北部的气候发生了由温暖向凉爽的转变。受此影响，长城以北的农业人口纷纷向黄河中下游一带聚集，这就导致了长城以北地区的产业结构由原来以农耕为主逐渐转变为以游牧为主，并由此形成了我国历史上长城以南的农耕经济和长城以北、以西的游牧经济的分野。

中国古代的农业生产在数千年的历史积累下取得了辉煌的成就，始终保持着世界领先的地位。经过夏、商、周的经验积累，中国的农业生产在春秋战国时期有了巨大的飞跃，主要表现在铁制农具的广泛使用、牛耕的推广、水利灌溉工程的大量兴修、耕地的大量垦辟和小农经济的出现等方面。秦汉时期，楼车的发明、代田法的推行及以铁犁为代表的生产工具的改进，大大提高了农业的生产效率，使得农耕区向西北方向扩展，而江淮地区、关中地区也出现了大大小小的灌溉区。魏晋南北朝时期，北方战乱，人口南迁，致使南方的农业生产水平迅速提高，长江以南、五岭以北的广大地区及巴蜀一带逐渐成为我国重要的农业区。到了隋唐时期，农业经济重心开始向长江流域转移，长江中下游地区成为朝廷的主要财政来源地。在宋元明清时期，南方是农业和蚕桑业的重点地区，南方生产的粮草经由大运河向北方输送。唐宋以来，从世界各地引进了新的经济作物和高产作物，如花生、玉米、棉花、番薯等。

纵观中国古代农业生产，我们可以看到以下特点：一是起步早，发展水平高，稳定不间断；二是独立分散的农民经济是农业生产的主要形式；三是集农、粮、棉于一体，促进集约型发展。

3. 创造主体

中华民族是中华传统文化的主要创造者。中华民族是汉族和少数民族的统称。"中华"一词最早出现于魏晋时期。"中华"是由"中国"和"华夏"复合而来。长期以来，随着领土的扩大、社会的发展、境内各民族关系的加强，民族社会的构成因素逐步完善。近代以来，总体意识和民族观念更加自觉，民族意识觉醒，"中华民族"成为中国各民族的共同称谓。

（四）中华优秀传统文化含义

中华优秀传统文化是中华传统文化的一部分，是对中华文化的凝练和提取，展现了中华文化的独特魅力、艺术特色和民族精神，体现了中国人民的聪明才智。这些优秀文化对中华民族及其意识形态的发展起到了积极的推动作用。从文化和意识形态的角度来看，它可以促进社会进步和国家发展。归根结底，中华民族在漫长的发展史中形成的中华优秀传统文化，对历史发展起到了积极的推动作用，至今仍具有重要价值。以爱国主义为核心的中华民族精神、和而不同的精神、勤劳勇敢的品质、不屈不挠的奋斗精神、无私奉献的精神等，都是中华民族优秀的传统文化，是中华民族在历史发展中创造出来的精神财富。

二、中华传统文化的特点

（一）延续性

在人类文明史上，中国与古埃及、古印度、古巴比伦被尊为"四大文明古国"，与古希腊、古罗马并称东西文明中心，然而除中国外的这些古代文明或因异族入侵而中断，或因部族冲突而衰落消亡，文化出现了大幅断层。唯有中华传统文化虽然历经磨难，却数千年一脉相承，表现出无与伦比的延续性。这种强健的生命延续力的成因是多方面的。

相对隔绝的地理环境是中华传统文化未曾发生断裂的自然条件，除此之外，几千年来，中华传统文化很少遇到外部力量的巨大冲击。中央王朝的外部威胁大多来自北方游牧民族。军事征服的结果不是被征服文化的毁灭或消亡，而是被征服文化的转变和进步。在这个过程中，中华传统文化吸收了各种新鲜的营养，增添了新的活力。直到第一次鸦片战争，帝国主义列强开始了对中国军事、经济、政治、文化上的侵略。面对西方文化对中华传统文化的强势渗透和冲击，中国得天独厚的地理环境优势才逐渐丧失。

中华传统文化在半封闭状态下独立产生，比周边民族文化更早成熟。两千多年前，就已经形成了自己的风格和体系。在未来的发展中，中华传统文化将更加注重自身系统的整合和自我意识的增强，以此形成强大的文化实力基础。对于外来文化，如中亚和西亚的草原文化、南亚的佛教文化，无论是被排斥、吸收还是转化，最终都融入了中华文化自身体系之中，继续发展、传播。中华文明从来没有像古埃及、古巴比伦和古印度的文明那样被摧毁或中断。此外，由于地理环境的相对孤立，中华传统文化产生了强烈的中心观念，形成了封闭内敛和自给自足的心态。农业经济的连续性是中华传统文化重要的经济基础。王朝的兴衰是不可避免的，短期的民族分裂和政权混乱，特别是游牧民族对中原的入侵和占领，在中国历史的不同时期都造成过悲惨的局面。然而，一个又一个王朝灭亡了，取而代之的新王朝仍然提倡和重视小农经济。短期的战争和分裂反而增强了中华传统文化的韧性和向心力。在各民族的共同努力下，中华传统文化在动荡和分裂中不断丰富和升华。

学术思想的连续性是中华传统文化不曾发生断裂的自身基础。中国古代学术思想的连续不断发展从夏、商、周三代即已开始。《论语·为政》中有："殷因于夏礼，所损益可知也。周因于殷礼，所损益可知也。"从夏至周，"礼"作为典章文物制度，虽然朝代有兴衰变化，但其中所蕴含的精神却因民族国家的更替而得到相应的传承。《荀子·天论》："百王之无变，足以为道贯，一废一起，应之以贯，理贯不乱。不知贯，不知应变。贯之大体未尝亡也。"其中的"贯"，就是指"礼"的贯连与继承。由此可知，儒家是极为重"礼"的，因此孔子整理和编订的《诗经》《尚书》《礼记》《周易》《春秋》等殷周时期的经典著作，得以流传于后世，并成为中国封建社会几千年的经典。当然，殷周经典书籍不仅是儒学产生的基础材料，许多学者和学派也从这些经典中汲取营养，从而形成了自己的学派。这些学派所提倡的思想内涵让中华文化思想的发展更进一步。

（二）人文性

非宗教的人文性，是中华文化的最显著的特征之一。早期人类由于对自然的无知而产生恐惧心理，出现了自然崇拜。此后，随着人类社会阶级压迫的出现，对自然的恐惧转向了对社会和生活的怀疑和焦虑。与西方基督教文化、印度神学文化相比，中华传统文化是以人为中心而构建起自己的理论体系，将天、地、人三者并列，认为人是"万物之本""最为天下贵"，向世人展现了其理性的一面。

中国远古时期也产生过对天命鬼神绝对崇拜的思想，但随着科学与文化的进步，商周之际，"疑天"思潮和"敬德保民"的思想观念兴起，中国古人的宗教神学观念被削弱，道德成为维系整个社会的根本纽带。

中华传统文化中的人文精神，以礼乐为中心，渗透于伦理、政治、社会规范等方面，成为统治者的政治工具与社会教化工具。经过长期的熏陶，每一个人都能自觉地把自己置于现实社会的五伦关系中来考虑自我生存之道，明确政治上的君臣关系，家庭中的父子、夫妇、兄弟关系，社会上的朋友关系，以及应该遵从的道德规范。在人生价值的自我实现方面，中华传统文化不主张追求灵魂的不朽，而是把内在的道德修养和外在的道德实践，即"内圣"和"外王"结合起来，努力立德、立功、立言，从而实现理想人格。中华传统文化的人文性，使中国人普遍重视人生，关注现世，在很大程度上推动了社会和文化的发展。

（三）包容性

中华传统文化的包容性体现了中国文化强大的融合力和同化力。这种融合力、同化力使中华传统文化绵延坚韧。中华文化能够发展至今，就在于它兼容并包的品格，不同地区、不同民族文化交汇融合，顽强生存，蓬勃发展。

英国著名历史学家汤因比曾说，在人类近 6000 年的历史中，世界文化发展出 26 种文化形态，包括中国、古印度、古巴比伦和古埃及这四大文明古国的文化体系。然而在这些文化形态中，只有中国文化体系是不断发展、从未间断的。中华文化能够顽强延续的原因是多方面的，首先是各地域、各民族文化的融合，其次是对境外不同文化的吸纳和消化。

外族文化进入中原、外域文化进入中国之后，都被中原文化、中华文化强大的同化力和融合力逐步汉化和中国化，与原有汉族文化、中华文化融为一体，楚文化、吴文化、巴蜀文化，以及西域文化、佛教文化等，都先后成为中华文化不可分割的有机组成部分。中华文化历数千年从未中断，表现出顽强的生命力，这也与中国农业宗法社会所具有的顽强的延续力有关，与半封闭的大陆环境所形成的隔离机制有关。同时，中华文化本身所具有的包容性也是一个重要原因。

（四）重视和谐统一

第一，重视人与自然的和谐统一。在人与自然的关系问题上，中国古代思想家提出了"天人协调"的观点，实际上肯定了人是自然的产物，是自然的一部分，人类社会与自然是一个统一的整体。既然人与自然是一个统一的整体，那么人类的一切活动都需要自觉地与自然相协调。汉代之后，特别是到了宋代，"天人合一"的观念得到进一步的发展。

第二，强调和谐统一也体现在人际关系中所倡导的"贵和尚中"。"和"的最初含义是通过结合不同的事物来实现平衡，区别于"同"，也就是允许不同的个性和对立共存。后来，"和"的含义逐渐演变为"调和"和"和谐"。"中"即为"中庸"。宋代理学家认为"不偏之谓中，不易之谓庸"，中国文化重视人际关系的协调，必然强调和谐统一。

（五）实践理性

所谓实践理性，主要体现在强调现实性、实践性、事实性、有效性的思维方式和价值取向上。它作为中华文化心理结构的一个主要特征，有着悠久的历史。在先秦时期，它出现在儒、道、法、墨等诸子百家中。作为一种思维方式，它强调客观事实、历史经验、直觉洞察力和整体思维，满足了解决问题的经验思维模式。实事求是的主流思想路线是实践理性的学术传统在实践中的积极交换。学以致用、以身作则的思想深深影响了中国人的人生价值观，对人们良好的品质与行为培养有巨大意义。

第二节 中华传统文化的发展历程

中华传统文化涵盖面广，门类众多，其发展必然是不平衡的，因而不可能是同步的。但从发展历程看，也有一致性，可以大致划分为以下阶段。

一、雏形期

历史学家习惯把文字产生以前的历史时期称为远古时期。中华传统文化正是萌芽于这一极为遥远的时期。我们常说自从有了人，就开始了人类社会及其历史，也就有了人在历史活动中所创造的文化。发祥在中国大地上的中华传统文化在初期便呈现出多元发展趋势。除黄河流域外，在长江流域、珠江流域，以及东北北部、青藏高原等地区也广泛发现了旧石器和新石器文化遗址。从元谋人、蓝田人、北京人到马坝人、长阳人、丁村人，再到柳江人、资阳人、河套人、山顶洞人，在由早期直立人向智人再向人发展的过程中，中华传统文化逐渐产生和发展。中国远古文化也呈现出丰富多彩的状态。原始人不仅在劳动中创造了语言，而且经过长期的生产实践，开阔了视野，丰富了知识，提高了技能，增长了才智，不断有所创造与发明。于是，创造了文字，出现了绘画、雕刻、音乐和舞蹈，出现了原始宗教。正是由于原始文化的丰富，最终逐步构成了博大精深的中华传统文化。

中华传统文化在走过了远古的萌芽期之后，至夏商周三代伴随着经济、政治的发展而逐渐具备了雏形。夏文化为商周文化的繁荣奠定了基础。夏朝是中国第一个奴隶制政权。夏代历法是中国最早的历法。保存在《大戴礼记》中的《夏小正》就是现存的有关"夏历"的重要文献。它在一定程度上反映了夏代农业发展水平，保存了我国最古老且珍贵的科学知识。

商代是我国历史进入青铜时代的兴盛时期，这时的文化取得了不少新的成就。商代的历法继承夏历，并在夏历的基础上把中国最早实行的阴阳合历逐步加以整合，使之趋于完备。商代的主要记录途径是刻在龟甲兽骨的甲骨文或青铜器等其他器物上的铭文，其中甲骨文最为常见，被认为是中国现存最古老的一种成熟文字，是珍贵的书法艺术作品。商代的雕刻艺术已经发展到了一个非常高的水平。许多青铜器上都装饰着华丽的图案，一些玉、石、陶、骨、牙制品上也雕刻着精美的花纹，展示了古代匠人的慧心巧思。在现已发现的商代乐器中，就包括了陶埙、石钟、铜钟、锣鼓等，不仅体现当时音乐已经具有较高的水准，也为现代的音乐创作提供了不少灵感。

在生产力发展的基础上，西周文化有了新的发展。西周非常重视贵族子弟的教育，幼年就开始传授礼、乐、射、御、书、数等基础知识和技能。这种全面的教育，奠定了后代教育的基础。

西周时期，诗歌与音乐是结合在一起的。《诗经》中十五国风是十五种地方性的民歌，各有不同的声调和风格。"雅"与"颂"也各有不同的格律，都能配乐歌唱，组成一定的乐章，这些乐章是国家礼乐的重要组成部分，应用相当广泛。在当时的贵族教育中，对诗和音乐都非常重视，这对文学和艺术的发展起了一定的促进作用。西周音乐的发展还表现在乐器种类的增多和音乐理论的发展上。当时，除编钟、编磬和大小不同的打击乐器外，还出现了琴瑟等弦乐器和笙竽等管乐器，金、石、丝、竹、革之音大都齐备。乐器的增多，使得人们更加注意演奏的和谐，音律的理论也随之进一步发展。

二、形成期

春秋战国是中国历史上发生重大变化的时期，也是中华传统文化形成的时期。社会的动荡和变革，不仅为当时的知识分子提供了丰富多彩的思想素材，也强化了他们"救世之弊"的社会责任感。这可以说是"百家争鸣"思想产生的重要社会背景。西汉学者刘歆认为，在先秦诸子百家争鸣中，儒、墨、道、名、法、阴阳、农、杂、纵横、小说十家最为重要。百家之中大多数学派是具有包容性的，其中哲学、伦理和社会政治思想最为突出。

这时期中华传统文化在其他方面也取得了辉煌成就。文学方面，《诗经》《楚辞》是杰出代表，诸子散文被后世尊为典范；史学方面，以孔子整理的古史文献集《尚书》和因鲁史记而作的《春秋》最为著名。《春秋》有三个主要的传本，分别是《春秋左氏传》《春秋公羊传》和《春秋谷梁传》，这三本著作被合称为"春秋三传"。《国语》也是这一时期的史学杰作；教育方面，孔子在教育思想和教学方法上摸索出一些有益的、符合认识规律的理念，如"有教无类""知之为知之，不知为不知""学而时习之""温故而知新""因材施教"等；科学技术方面，在天文学和医学领域取得了重大成就，哈雷彗星的记录、十九年七闰法、《甘石星经》等，以及医缓、医和、扁鹊等名医的出现。春秋战国时期的科学技术成就丰富多样，对后世产生了深远的影响。

三、发展期

战国以后，中华传统文化进入了从先秦到晚清的漫长发展过程。在这一时期，中华传统文化经历了从成熟走向繁荣，再从繁荣走向衰落的过程。

公元前 221 年，秦王嬴政建立了中国历史上第一个封建集权的统一帝国 —— 秦王朝。但秦王朝统治不久，便因秦始皇的突然死亡、内部矛盾的加剧、严苛的法律、农民起义而被推翻，取而代之的是刘邦建立的汉王朝。汉承秦制，为其后两千多年中国历史的发展奠定了基本格局。汉武帝"罢黜百家，独尊儒术"，儒学上升为官学，文化上开始了经学时代。其后，各种学术流派都笼罩在经学之下或包括在经学之中。

哲学方面，经历了汉代天人之学、魏晋玄学、隋唐佛学中国化、宋明理学、明清儒学内部自我批评与自我反思等主要阶段，出现了许多专业学者和宗师。在这个发展过程中，董仲舒"天人感应"和程朱理学是两个关键节点。

在史学方面，汉代《史记》创造了中国史学的纪传体表现形式，班固的《汉书》开创了皇朝史撰述的先河。魏晋南北朝时期，私人修史之风盛行。隋唐五代时期，官修史书取得了巨大成绩。宋元时期堪称盛世，在通史撰述、当代史撰述和历史文献学方面都取得了辉煌成就，并且在民族史、学术史和史学批评方面也取得重要成果。清代学风以考据为盛，乾嘉时期是其黄金时代。

文学、艺术和技术领域也取得了重大成就。汉赋、唐诗、宋词、元曲、明清小说，每一领域都有世界级的大师，他们的杰作广为人知。书法、绘画等艺术也达到了顶峰，被各国艺术家借鉴、引用。许多科学技术成果在当时处于世界前列，为人类文明发展与繁荣做出了杰出贡献。

在这一时期，中华传统文化的发展虽然达到了顶峰，但背后隐藏着文化衰落的危机。造成这一危机的原因不仅有文化专制政策的加强，还有明清两代封闭政策的实施。在明清统治者闭关锁国时，西方已经开始了引起世界重大变革的工业革命，这给世界的面貌带来了根本性的变化。中国作为一个农业大国，逐渐沦为西方列强眼中的最佳货物倾销地和原材料产地。于是在 1840 年第一次鸦片战争爆发后，西方列强用自己的坚船利炮将中国推向衰落和屈辱的时期，中国从此进入了半殖民地半封建社会。面对中国古代文明的没落，无数能仁志士思想觉醒，随之又进入了一个转型和复兴的历史阶段。

第三节 中华优秀传统文化的价值和意义

一、中华优秀传统文化的价值

（一）中华优秀传统文化的现代价值

1. 中华优秀传统文化现代价值的内涵

（1）意识形态价值。中华民族在几千年发展中，形成了众多有内涵的文化思想和理论，不管哪一种文化思想，都是建设中国的重要精神支撑。

（2）动力价值。优秀传统文化历来强调自强不息的精神品质。天道酬勤，君子自强。中华民族是一个充满理想、充满斗志的强大民族，《礼记》中的大同世界和孙中山的"天下为公"理念，尽管在当今社会尚未实现，却激励着整个民族奋发图强。无数中华民族的正义和爱国人士书写了一本又一本伟大的传记，终有一天，理想世界一定会通过所有人的奋斗而实现。

（3）方法论价值。优秀传统文化中"天人合一"的辩证思想最早是在哲学体系中提出的，将自然世界视为一个相互联系的有机整体。优秀传统文化强调人与自然的协调，人类活动的目标是调整和适应自然、尊重自然环境，以更好地满足人类的需求，而不是统治或改变自然。这对我们处理人与自然的关系，树立环境意识具有借鉴意义。过犹不及和中庸的哲学思想，以及强调人与人和谐相处的"和而不同"的哲学思想对今天处理人类社会关系中存在的问题和矛盾具有非常重要的意义。

2. 中华优秀传统文化现代价值的表现

（1）古代哲学文化的现代价值。古代哲学文化是中国人智慧的理性积淀和本质体现，是中国古代理论思维的最高境界。同时，古代哲学文化也是中华优秀传统文化的核心，是支撑中华文化金字塔的基底。

儒家以"仁"为核心思想，"仁"的精神实质在现代仍然有巨大的价值。

仁爱是一种大爱，仁者往往是温文尔雅的，这对现代人的人格塑造具有极大的意义。孝悌也是优秀传统文化中不可或缺的一部分。在 21 世纪，仁爱、孝悌依然不容忽视。孝在现代依旧有着深厚的价值表现，只有培养人们正确的孝悌观，才能不负父母养育之恩。儒家还倡导有教无类、因材施教。这类关于教育的观点在现代教育中发挥着巨大的作用。中国的义务教育充分体现了有教无类的思想，无论出身，无论地位，人人都有接受教育的权利。因材施教有助于学生发挥主观能动性，根据学生的个体水平使用不同的方法进行教育，这样既提高了教学的效率，又可以激发学生的学习积极性。这些思想对现代教育来说依旧有参考价值。

与儒家哲学一样，道家哲学也是中国传统思想文化的主要组成部分之一。道家哲学强调用"道"来治理自然、社会和生活。崇尚自然是道家哲学的主要思想。道家哲学是以自然哲学为基础，以自然之道为纽带的思想体系。其本体论、人生哲学、政治哲学都主张"道法自然"，体现出鲜明的自然主义色彩。现代社会发展所提倡的如可持续发展、绿色发展等理念都体现了对道家自然观的认可。随着温室效应的加剧，自然环境的恶化还在继续。我们只有在尊重大自然的基础上改造自然，才能造福于人类而不会引发生态环境问题。

中华优秀传统文化强调内在修养，这与社会主义精神文明建设密切相关。精神境界的提升既有利于个体成长，也有利于形成强大的内心世界和健全的人格。对于现代人来说，随着物质生活水平的不断提高，人们对精神文化的需求也在增加，追求内在精神生活的富足，倡导尊老爱老、尊师重教、诚信友善，把精神文明提升到更高水平，强调由内而外的文化修养和营造和谐的社会氛围，从而推进社会主义精神文明建设。

（2）古代科技文化的现代价值。中国科技文化在 16 世纪以前一直处于世界领先地位。科技文化对人类社会发展进步具有重要的推动作用。除了四大发明（指南针、火药、造纸术、活字印刷术）以外，中国古代在天文历法、医学、数学等方面均有杰出成就。在钟表发明之前，中国古人通过观察太阳、月亮和星星在天空中的位置来判断时间和季节，并且找出内在的变化规律。基于此，编制了日常生活和农牧活动的历法，逐渐形成了以历法和天象为中心的完整体系。直到现在，农民还在使用这种历法指导耕作。

中国古代的科技文化在不断发展与创新中融入现代生活，并在现代生活中起着不可替代的作用。这些科技发明的现代价值不仅体现在它们与现代生活的息息相关上，更在于它们自身随着时代的进步而不断完善。

除了天文历法这一古代人民智慧的结晶外，传统医学在古代取得的巨大成就也让人震惊。中国医药学具有悠久的历史，中国是世界上医药文化发端最早的国家之一。中国医药学萌芽于远古时代，形成于春秋战国时期，又在隋唐至明清进一步发展。传统的中医学理论体系包括中医五行学说、阴阳学说、脏腑学说、经络学说等，这些学说在现代中医中也得到广泛应用。中国传统医药学也是中华优秀传统文化的精髓之一，至今仍然为人民服务，并占据着极其重要的地位。中医与西医不仅在生命认识层面存在着不同，而且在思维方式上也有显著差别。我们不能简单地评判孰优孰劣，只能从中西医的区别中看出孕育两者文化的差异。传统中医治疗方法在我们的现实生活中无处不在。例如针灸、按摩、中药调理等，在现代社会中广受欢迎。

（二）中华优秀传统文化对民族、国家的价值

在世界多极化和经济全球化的背景下，民族文化意识日益高涨，本土化需求日益强烈。各个国家、各个民族的文化都在不断改革与创新，和谐多样的世界文化变得更加丰富多彩。因此，我们不仅要顺应时代潮流，吸收当今世界的先进文化，还要以理性的态度和务实的精神继承和弘扬中华优秀传统文化，建设和大力发展中国特色社会主义文化，向世界介绍中华优秀传统文化。

第一，中华优秀传统文化博大精深，源远流长，在不断发展更新的过程中迸发出璀璨的光芒。它是激发民族精神、增强民族自豪感、增强中国人民自尊和自信的源泉，也是实现中华民族伟大复兴的基础和精神动力。中华优秀传统文化是具有深厚民族特点的独立体系，蕴含着独一无二的文化特质，凝聚了中华儿女千百年来积累的生存智慧和精神力量。由于中华优秀传统文化可以激发民族成员的归属意识、进取意识和奋斗意识，凝聚

社会各方面的力量，因此可以成为推动社会前进的强大内驱力。

第二，宽容、理解、与时俱进的优秀传统文化是社会主义文化高度发展的重要源泉，也是实现马克思主义基本原理中国化的文化基础和实践环境。中华优秀传统文化是非常包容和统一的，增强并丰富了马克思主义的吸引力和感染力。在漫长的发展史上，中华民族始终能够吸收优秀的外来文化成果，不断丰富和完善自身。马克思主义基本原理作为一种科学的世界观和方法论，若适用于中国国情，就必须面对中国社会存在的基本问题进行对应的变化。应该说，马克思主义基本原理中国化实际上实现了一个伟大的飞跃，形成了马克思主义在中国的理论成果。在中国开创马克思主义理论成果的新境界，离不开对中华优秀传统文化的借鉴和应用。要不断深化马克思主义中国化，更广泛地反映其鲜明的民间特色，就必须从中国传统和现实出发。同时，要彻底完成中华优秀传统文化的现代转型，就必须以马克思主义为科学指导，解读其优秀元素，实现其现代价值。换言之，一方面，中华优秀传统文化需要接受马克思主义的改造，依靠马克思主义基本原理找到最终出路；另一方面，中华优秀传统文化也可以服务于马克思主义基本原理中国化的现实需要，使马克思主义具有中国风格和中国特色，成为具有当代特色和民族特色的新文化。

第三，中国五千年文明留下的物质和非物质文化遗产是无价之宝，而那些独一无二、博大精深的中华优秀传统文化遗产都已成为中国社会的民族根脉，具有广泛的现代价值和现实意义。不同类型的传统文化遗产由于属性的不同，在历史、艺术、科学等领域表现出不同的价值，由此产生的经济价值为现代社会经济的发展提供了强大而持久的动力。中华历史文化遗产是我们祖先在创造文明和生产生活实践中留下的智慧，它们从不同的角度和层次反映了人类在不同历史阶段的社会活动和关系，记录了不同阶段、不同时期的社会经济、技术水平、文化积累、日常生活习惯等情况，是帮助现代人研究和探索以前的文化的重要根据，是能够证明历史真实存在的证据，具有珍贵的利用价值。物质文化遗产包含着大量的科技信息，反映着各时代的生产力发展程度、科技水平以及人类创造能力，为诸多领域提供启发和借鉴，具有极为特殊的科学研究价值。部分有形的物质文化遗产，诸如玉器、陶器、瓷器、青铜器、建筑、园林、书法、绘画、雕塑等，以及音乐、舞蹈、表演等非物质文化遗产，所蕴含的美学内容有着独树一帜的传统艺术价值，它并不会随着时光流逝而消失，艺术之美具有永恒的魅力和价值。传统文化遗产由此衍生了自身非同一般的经济价值，其经济价值可以看作历史、艺术、科学价值的外化。只要对优秀传统文化资源进行正确的现代化开发，优秀的文化资源一旦形成文化产业链，就能产生巨大的经济效益和社会效益。例如，一些传统文化遗址或遗产得到有效开发后，已经成为我国文化消费的核心资源和重要的旅游经济资源，这对于带动相关服务业以及区域文化产业的整体发展，实现中华优秀传统文化的社会价值和经济价值双赢，以及区域经济的可持续发展都具有非常重要的意义。博大精深的中华优秀传统文化正在逐步成为文化产业和文化创意取之不竭的源泉。

第四，高度重视天人合一的传统精神文化，倡导社会和谐与公正。这是解决社会不平衡、不和谐问题的思想宝库，也是抚慰人类心灵、提升人文精神的宝贵资源。随着全球化时代的到来，生态环境、精神道德、价值信念等各式各样的现代危机层出不穷。面对这些问题时，中华传统文化中的优秀思想可以提供一定的引导和启发。中华优秀传统文化的智慧和魅力来自其深刻的思想和崇高的追求，其中包含着许多普遍的思想内容。例如，"道法自然"的观念，强调以物为利，希望人与自然和谐相处，提倡"天人合一""人与物和谐统一""天地合一"等思想。这些宝贵的思想和理念，有助于构建新的生态伦理和可持续发展战略规划，对正确处理人与自然的关系具有启示意义。此外，中国传统精神文化高度重视人类内心修养，强调理想人格的追求和塑造，对于缓解现代人的心理压力有着重要的现实意义。中华传统文化确定的"仁、义、礼、智、信""己所不欲，勿施于人""和而不同"等核心价值观念，对构建人类命运共同体具有积极意义。总之，中华优秀传统文化中所提供的正确价值导向，经过改革与更新，依然对现代社会的进步有着重要的作用。

（三）中华优秀传统文化在世界层面上的价值

中华优秀传统文化既属于中国，又影响世界；既具有中国价值，又具有世界价值。一方面，当今世界面临许多难题，如地区发展不平衡、局部战争不断、恐怖主义肆虐、生态环境恶化等，严重威胁着世界的和平与稳定，而中华优秀传统文化中蕴含的思想理念将能为缓解乃至解决这些问题提供独特思路与有益借鉴；另一方面，中华优秀传统文化富有民族特色，具有无穷魅力，是人类文化的优秀部分，能给世界其他国家的人民带来精神上的享受。

1. 以和为贵的发展理念

在如何实现发展的问题上，世界历史上产生过两种相反的发展理念："争"的发展理念与"和"的发展理念。历史上，许多国家和民族通过"争"的方式实现富强，特别是 15 世纪以来，一些国家通过掠夺、战争的方式谋求国家发展，给人类带来了深重灾难，中国也曾深受其害。当今世界，局部战火不断，地区冲突频发，爆发大型战争的可能仍在，其根源是一些国家和民族存在根深蒂固的"争"的发展理念。同时，人与人之"争"，人与自然之"争"，导致个人主义恶性膨胀、生态环境被严重破坏。与"争"的发展理念相反，中国古人深受"以和为贵"发展理念的影响。《论语》中有："礼之用，和为贵。先王之道，斯为美，小大由之。"《周礼》中也记载着："以和邦国，以统百官，以谐万民。""和"在中华优秀传统文化中占有重要地位。以和为贵的发展理念包括两个方面：一是对内追求和谐发展。包括追求人与自身和谐、人与人和谐、人与社会和谐及人与自然和谐。中国古代有言："和也者，天下之达道也。致中和，天地位焉，万物育焉。""不违农时，谷不可胜食也；数罟不入洿池，鱼鳖不可胜食也；斧斤以时入山林，材木不可胜用也。"这些都可以反映出中国古人追求和谐的思想。二是对外追求和平发展。中国古代在谋求国家发展、处理国际关系时主张采取和平方式。中国古人认为"以力服人者，非心服也，力不赡也；以德服人者，中心悦而诚服也"，提倡"远人不服，则修文德以来之"。汉唐通过"和亲"加强与邻邦的友好关系，明代郑和七下西洋对沿途国家秋毫无犯，都充分说明了中华民族持以和为贵的发展理念。

中国以和为贵的发展理念得到了世界一些著名学者的认可和重视。英国哲学家罗素认为："欧洲人的生活方式要求奋斗、掠夺，中国人发现的并且已经实践了数个世纪之久的一种生活方式，如果能够被全世界所接受，则将使全世界人民得到幸福。"1988年全球多位诺贝尔奖获得者在法国巴黎发表宣言称："如果人类要在21世纪生存下去，必须回到2500多年前去汲取孔子的智慧。"当今世界科学技术越来越发达，武器装备也越来越先进，战争对人类的迫害显而易见，中国以和为贵的发展理念正是解决冲突、消除战火、预防战争的思想良方。

2. 公平正义的价值追求

"没有永远的朋友，只有永恒的利益。"这句话被西方人奉为处理人际关系、国际关系的圭臬。历史学家司马迁曾表示："利诚乱之始也。"唯利是图的价值追求，是人类历史上许多问题产生的重要根源。当今世界，诸如贫富不均、生态环境破坏等问题，都可以视为唯利是图价值追求的结果。要解决这些难题，必须转变唯利是图的价值追求。中华优秀传统文化中公平正义的价值追求，正确处理了"利益"与"公平""正义"之间的关系，能给解决当前许多人类难题以重要启发。

在追求正义方面，中华民族表现出先义后利、义利兼顾的价值取向。一是反对见利忘义。孔子云："不义而富且贵，于我如浮云。"荀子言："先义而后利者荣，先利而后义者辱。"二人都反对见利忘义，主张见利思义。二是主张以义为利。《左传》记载："义，利之本也。"《大学》也指出："国不以利为利，以义为利也。"这些都把"义"看作最大的"利"，最根本的"利"。三是提倡义利兼顾。清代颜元批评"义"与"利"分裂对立的偏见，提出了"正其谊不谋其利，明其道不计其功"命题，将"义"与"利"有机统一起来。

在追求公平方面，中华民族主张公而不私、正而不偏。中国古代对"公"和"正"非常重视，甚至把它们上升到关系国家兴亡的高度。关于"公"，荀子说："公生明，偏生暗。"苏轼说："治国莫先于公。"程颢、程颐也强调："一心可以丧邦，一心可以兴邦，只在公私之间尔。"关于"正"，孔子说："政者，正也。""其身正，不令而行；其身不正，虽令不从。"
孟子也说："行有不得者，皆反求诸己，其身正而天下归之。"中国古代
对公正的追求，鲜明体现在大同社会理想中。《礼记·礼运》中记载："大
道之行也，天下为公，选贤与能，讲信修睦。故人不独亲其亲，不独子其子，
使老有所终，壮有所用，幼有所长，鳏寡孤独废疾者，皆有所养。"大同
社会是一个百姓丰衣足食、安居乐业的社会，更是一个人人平等、公平正
义的社会。

追求公平正义并不否定利益，而是正确平衡公平与利益、正义与利益
之间的关系，从而"兴天下之利，除天下之害"。近年来，在处理国际关
系问题上，习近平总书记多次强调要践行"正确义利观"，指出："要找
到利益的共同点和交汇点，坚持正确义利观，有原则、讲情谊、讲道义，
多向发展中国家提供力所能及的帮助。""中国坚持国家不分大小、强弱、
贫富，一律平等，秉持公道、伸张正义，反对以大欺小、以强凌弱、以富
压贫。""正确义利观"也是中华优秀传统文化中的重要内容，对当代人
正确处理"义"与"利"的关系，解决人类难题具有重要的启示意义。

二、学习中华优秀传统文化的意义

中华优秀传统文化是中国人民宝贵的精神财富，学习中华优秀传统文
化，对自己的民族文化有充分的认识，不但对青年学生来说是必要的，对
每一个中国人都是极为重要的。明确学习中华优秀传统文化的现实意义，
掌握其学习方法，会帮助学生正确地学习中华优秀传统文化，明确地认识
中国传统文化的历史和现状。

（一）是中华民族自身生存发展的需要

一个民族的文化是这个民族自我意识的构成，凝聚了这个民族的智慧
和力量，它能唤起这个民族的历史责任感和使命感，是这个民族迎接新的
时代挑战、创造合乎时代要求的新文化、新传统的内在动力。

博大精深、源远流长的中华优秀传统文化在历史上成功地支撑了中华
民族数千年的繁衍生息，维系了中国古代文明的持续发展，保存并弘扬了

中华传统精神。它完整地塑造了中华民族的心理、性格，培养了中华民族的精神风貌，创造了无与伦比的中华古代文明。然而，中华优秀传统文化的最基本特点是以人为本，中国学问偏重人际关系研究，强调人的社会价值，注重各种社会关系的协调，但缺少西方的实验科学精神，科学理论不发达，这种文化传统因而难以适应现代社会。

如今，人类各民族文化相互交流的深度和广度都在不断拓展。在这样的时代大背景下，中华民族及其文化传统以怎样的姿态参与世界的合作与竞争，是每一个炎黄子孙都应该思考的问题。尽管不同的民族文化形态多样、种类纷繁，但都可以寻觅到该民族文化的主色调，这是因为每一个民族内部固然存在繁复多样的阶层、群体及个人教养和性格的差别，但同时深藏着表现于共同文化上的共同心理素质，这便是民族精神。学习、研究中华优秀传统文化正是我们把握中华民族精神，认识自己，促进民族精神和时代精神融合的可靠途径。

（二）是中华优秀传统文化继续发展的需要

当代中国人的历史使命是建设中国特色社会主义，完成这一伟业的前提是切实认清中国的国情，而国情可以理解为文化的历史及其现状。

千百年来，中华优秀传统文化已经成为中华民族精神生活中不可缺少的组成部分，并且在人类文明宝库中占有特殊而重要的位置。这是值得后世中国人骄傲自豪并发扬光大的。然而，随着时代的更迭、岁月的变迁，中华优秀传统文化中相当数量的典籍，其使用的语言，当时虽然明白易晓，但是在今天变得晦涩难懂了；其反映的生活，当时虽然真切实在，但是在今天显得遥远了；其表达的观念，当时虽然几乎妇孺皆知，但是在今天已经逐渐被人淡忘了。虽然时间的樊篱隔不断人性的沟通和共鸣，但是这些实际的困难毕竟有碍中华优秀传统文化对现世精神生活的滋养。因此，要想让现在的人们从中华优秀传统文化中体会其美感、领悟其神韵、吸收其精华，提高全民族的文化素质，推进社会物质文明和精神文明建设，就必须促进中华优秀传统文化的现代化。

改革开放以来，中国走过了艰难曲折的道路，取得了举世瞩目的成就，但是中国的社会发展和文明进步的程度还远远不能满足人民的要求。数千年的传统文化给我们留下了丰厚的遗产，同时带来传承的重负。我们对外来资本主义文化中积极因素的吸取还不完全，但其负面影响已引起我们的警惕和忧虑。深入剖析优秀传统文化与外来文化对今日中国的影响，总结走过的道路是认清国情的必要之举。

（三）是创造新文化的需要

关于当今中华文化建设的路线和方针，《中共中央关于社会主义精神文明建设指导方针的决议》中明确指出："新中国的成立，在社会主义基础上开始了伟大的中国文明的复兴。自从我们国家以党的十一届三中全会为标志进入了新的历史发展时期，更赋予了这个复兴以新的强大生机和活力。这个复兴，不但将创造出高度发达的物质文明，而且将创造出以马克思主义为指导的，批判继承历史传统而又充分体现时代精神的，立足本国而又面向世界的，这样一种高度发达的社会主义精神文明。"这种表述十分具体而准确地指明了中国传统文化的发展前景和社会主义新文化的建设方向。

马克思主义是人类文化史上伟大的科学成果，以马克思主义为指导思想和理论基础是中国人民在近代以来历经无数次磨难而做出的正确选择。作为一个文化传统极其深厚、哲学智慧极其发达的文明古国，中华民族比世界其他民族有着更为强烈的文化认同心理，中华优秀传统文化的精髓已经深深地渗入中国人的血液灵魂之中。处在历史重大转折关头的当今中国面对世界现代化潮流的新的历史挑战，客观上需要以中华优秀传统文化为根本依托，以马克思主义为根本指导，建立古今中外优秀文化的最佳互补结构，建立一种既批判继承历史传统又充分体现时代精神、既立足本国又面向世界的社会主义新文化。这种文化不固守传统，也不照搬外国，承认原有历史文化的合理性和继承性，主张文化的发展进化是在原有基础上的升华。在升华的过程中，不断实现与世界优秀文化在空间上的交流和民族间的沟通，以开放的态势、宽容的胸怀不断拾取、接纳世界文化的新的精神要素。

马克思曾表示："人们创造自己的历史，但是不是随心所欲地创造，不是在人们自己选定的条件下创造，而是在自己直接碰到的既定的、从过去继承下来的条件下创造。"中华文化就是中国人"直接碰到的既定的、从过去继承下来的条件"，是影响中国人过去、现在和将来的传统。传统是社会的一种生存机制和创造机制，只有借助它，历史才能得以延续、进行、飞跃，社会的精神成就和物质成就才能得以保存和实现。正因为如此，文化传统至今仍然活跃在实践当中，并在这种实践中不断改变自己。每一个有志为民族的未来贡献心智和汗水的中国人都应当努力熟悉传统，分析传统，变革传统，而学习、研究中华优秀传统文化正是培育这种理性态度和务实精神的最好课堂。

毋庸置疑，历史悠久、一脉相承并且具有自强不息、厚德载物的优秀品格的中华优秀传统文化在当今全新的世界历史条件下，一定能够再次通过综合创新实现它的现代化美好前景。

第二章　高校思想政治教育与文化自信

第一节　高校思想政治教育的发展趋势

当代大学生思想政治教育的发展趋势主要体现在大学生思想政治教育人本化趋势、民主化趋势、信息化趋势、综合化趋势四个方面。本节以大学生思想政治教育的发展趋势为依据，对做好新形势下的大学生思想政治教育提出现实要求。

一、人本化趋势

（一）人本化趋势的成因

只有坚持以人为本的发展理念，才能使教学内容更加符合学生的根本需求，提升高校思想政治教育的吸引力和实际作用，培养全方位发展的专业型人才。让学生能够在学习思想政治相关知识的同时，转化为促进自身发展的实际动力，提升学生的思想政治素养。教育的核心在于以人为本，教育的最终目标是将"人"培养成更加出色的个体，因此，在制定教学内容的过程中，也需要围绕"人"来进行设置。总的来说，高校思想政治教育从设置课程到教学形式、教学目标都要围绕以人为本、以学生为主体、以学习目标和学生全面发展为出发点展开，只有采取适合学生学习的方式，才能够取得理想效果。

（二）人本化趋势的体系

大学思想政治教学以人为本的人本化趋势随着习近平新时代中国特色社会主义思想在高等教育中的深入贯彻与实践，日益凸显为以学生为本，主要表现在以下方面：

1. 大学生是实践的主体

大学生的主要任务是学习，这是大学生在校期间作为实践主体的主要活动形式。大学思想政治教学引导大学生明确学习目的和科学知识的价值；不断调动大学生学习的积极性、主动性和创造性，激发大学生刻苦学习、严谨治学的精神动力；激励他们勤奋学习和系统掌握人类创造的全部科学文化成果，提高创新精神和实践能力，培养与所学专业密切相关的职业道德和职业精神；全面提升思想道德素质，为大学生的全面发展和毕业以后走向社会，推动社会实践活动奠定重要的思想基础。大学思想政治教学还更加注重引导大学生积极参与社会实践活动，运用学习掌握的科学理论知识指导和推进社会实践活动，自觉走上与实践相结合的青年知识分子成长道路，在社会实践中受教育、做贡献、长才干。

2. 大学生是价值的主体

大学思想政治教学更加注重引导大学生正确认识和满足自身的需要，实现自身的价值。价值涉及主体的需要及其满足。在价值关系中，价值主体是其需要获得满足者，价值客体是提供满足者。

在大学思想政治教学的价值关系中，大学生是价值主体，大学思想政治教学是价值客体，大学思想政治教学越来越注重引导大学生正确认识和满足自己的需要，实现自身的利益和价值，并在这一过程中实现大学思想政治教学自身的价值。大学生的需要和利益密切相关，需要是一种潜在利益，需要的满足是一种现实利益，大学生的需要主要表现为物质需要和精神需要。大学思想政治教学更加重视加强与大学生有关的政策和制度教育，引导大学生协调和处理好各种与自己相关的物质利益关系，维护自身的权益。大学思想政治教学更加注重引导大学生认识和满足自身的精神需要，包括加强理想信念教育，引导和帮助大学生树立正确的人生理想，把握人生发展的正确方向，选择和走好人生发展的正确道路，满足大学生树立和实现人生远大志向的需要；加强道德教育，增强大学生的道德意识，提高大学生的道德判断能力、道德选择能力和道德践行能力，满足大学生的道德发展需要；加强情感教育，引导大学生正确认识和处理好交友、恋爱、婚姻等各种关系，形成高尚的情操，满足大学生情感发展的需要；加强心理健康教育，开展心理咨询活动，帮助大学生克服心理障碍，形成健全的人格，满足大学生的心理健康发展需要；还要开展各种丰富多彩的校园文化体育活动，满足大学生日益增长的精神文化需要。

3. 大学生是发展的主体

大学思想政治教学以人为本还体现为以大学生为发展之本，促进大学生的全面发展和健康成长是大学思想政治教学的根本目标，也是大学生的根本利益。大学思想政治教学越来越自觉地为大学生的全面发展和健康成长服务。

重视教育和引导大学生正确认识和处理好自发发展和自觉发展的关系，大学生的发展呈现出自发发展和自觉发展两种形态。自发发展往往缺乏发展的自觉意识，缺乏对大学生成长发展规律的科学认识，在成长、发展过程中存在很大的自发性、盲目性，影响了发展的质量和成效。大学思想政治教学十分重视引导大学生克服发展的盲目性，增强发展的自觉性，掌握和遵循人才成长发展的规律，不断健康成长。

重视教育和引导大学生正确认识和处理好片面发展与全面发展的关系。大学生的综合素质包括思想道德素质、科学文化素质、身心健康素质。大学生的全面发展就是思想道德素质、科学文化素质、身心健康素质都得到发展。大学思想政治教学针对大学生德智体美劳素质发展失衡的现象，引导大学生克服发展的片面性，增强发展的全面性与协调性，实现健康发展。

重视教育和引导大学生正确认识和处理好现实发展与持续发展的关系。大学生的可持续发展是实现大学生人生发展最大价值的前提，也是实现社会可持续发展的最重要的基础。大学生的可持续发展就是要发现和挖掘大学生发展的巨大潜力，增强大学生自我持续发展的意识和能力，建立大学生发展的长效机制。大学思想政治教学更加重视引导大学生正确认识和处理现实发展与长远发展的关系，把现实发展和长远的、可持续的发展结合起来，克服发展的短期行为，始终根据社会和科学发展的需要，适应学习型社会和学习型组织的要求，不断充实和更新自身的知识结构，增强持续发展的坚定意志，克服发展中面临的种种困难和障碍，实现自身的可持续发展。

（三）坚持以学生为本

大学生思想政治教育既然要以大学生为中心和根本，那么，开展大学生思想政治教育，就要一切为了大学生、一切依靠大学生、一切服务大学生，注重尊重大学生、理解大学生、关心大学生，要把大学生作为成长发展的主体，并作为大学生思想政治教育的主体，注重引导大学生掌握和遵循人才成长的规律，调动大学生学习科学文化知识、加强思想道德修养的积极性、主动性、创造性，发挥自我教育的主体性，促进大学生的健康成长。

要把是否有利于大学生的全面发展和健康成长作为检验大学生思想政治教育成效的根本标准，注重了解大学生学习、生活和成长发展中的实际需要、困难和问题，改善大学生的学习生活条件，开展丰富多彩的校园文化活动，发展校园网络文化，组织心理咨询活动，帮助大学生排忧解难，全面满足大学生的物质需要和精神需要，教育和引导大学生为促进自己的成长、实现人生的价值而奋斗。

要适应知识经济发展的要求，遵循因材施教的规律，尊重和保护大学生的鲜明个性；改革和创新思想政治教育，深化社会实践，强化激励机制，加强比较和竞争，创造有利于拔尖人才脱颖而出的氛围与环境；培养和发展大学生的创新意识和创新能力，把当代大学生培养成具有创新精神和创新能力的优秀人才。

要改进思想政治教育方法，注重人情味，体现情感性；用尊重人的尊严、人格、情感的方法做深入细致的工作；坚持以理服人、以情感人、以行导人、倡导隐性教育、探索虚拟教育，做到"随风潜入夜，润物细无声"，切忌用以势压人的方法开展思想政治教育。

二、民主化趋势

（一）民主化趋势的成因

1. 社会主义民主的本质要求

社会主义民主的本质是人民群众当家作主，即人民群众是社会主义国家的主人。在社会主义国家，就人民群众而言，人与人之间的社会地位是平等的，解决人民内部的矛盾，只能用民主的方法，解决人民内部的思想矛盾，更是只能用民主的方法。正如毛泽东同志在《关于正确处理人民内部矛盾的问题》中所指出的："凡属于思想性质的问题，凡属于人民内部的争论问题，只能用民主的方法去解决，只能用讨论的方法、批评的方法、说服教育的方法去解决，而不能用强制的、压服的方法去解决。"[1]今天，我国在建设中国特色社会主义伟大事业的历史进程中，社会主义民主不断发展，人民群众的民主权利不断扩大，民主意识和民主要求不断提高。这也要求在思想政治教育中充分发扬民主，运用民主的方法来教育人民群众，加强平等基础上的思想交流与沟通，解决人民内部的思想矛盾问题。大学生是我国社会成员中文化程度较高的青年群体，他们的民主意识、维权意识和理论素养远高于社会一般人员，因而对于运用民主方法开展思想政治教育的要求也远高于社会一般人员。

2. 社会主义市场经济发展的必然产物

随着社会主义市场经济的发展，我国社会出现了经济成分、组织形式、就业方式、分配方式、生活方式的多样化，从而导致了利益主体、行为方式和价值取向的多样化。我国社会的深刻变革对高等教育产生了重大而深远的影响，必然导致大学生思想政治教育的民主化。大学生是社会的特殊

---

①中共中央文献研究室.毛泽东文集 第7卷[M].北京：人民出版社，1999:209.

群体，也是我国社会特殊的利益主体。大学生来自不同的地区、不同的家庭，也间接地受到社会阶层分化的影响，社会经济发展的多样化趋势必然导致大学生学习方式、行为方式、生活方式、就业方式的多样化，导致大学生群体结构和价值取向的新变化。大学生中既有家庭经济条件相对较好的，也有家庭经济条件相对较差的，既有独生子女，也有非独生子女。大学生中也出现了不同的利益主体、不同的价值取向。不同的利益主体有不同的利益诉求，需要有利益表达的渠道和机会，以维护自身的权益；不同的价值取向有不同的思想成因，需要有思想交流的渠道和机会。对于高校思想政治教育来说，就需要提供这种利益表达和思想交流的渠道和机会，使不同的利益诉求受到重视和体现，使不同的价值取向在社会主义核心价值体系的引导下凝聚成共同的价值选择。

3. 现代信息科学技术发展的产物

以现代计算机技术为核心、以互联网和通信高科技为代表的现代信息科学技术的发展，使人与人之间信息交流的方式发生了巨大变化，使纵向传递为主逐渐转变为横向传递为主，使历时传递为主逐渐转变为共时传递为主；同时使人们获取信息的方式更加迅捷，获取信息的机会更加均等。这一切对思想政治教育，包括高校思想政治教育，产生了重大的影响。在高校思想政治教育中，过去教育者享有信息获取的优先权和垄断权，现在信息获取的机会日益均等，受教育者可与教育者一样，甚至可能比教育者更早地获得信息。教育者在进行思想政治教育时应更加谦虚、民主，自觉地以学习者的身份通过互联网获取信息，并主动地向大学生了解最新的网络动态和思想信息，了解大学生的见解、想法和感受，在平等的基础上与大学生进行信息交流和思想沟通，以加深理解，形成共识。

（二）民主化趋势的体现

高校思想政治教育民主化趋势，主要体现为高校思想政治教育主客体关系日趋平等、民主，在平等基础上进行思想互动，民主化在高校思想政治教育中得到日益广泛和充分的运用。

1. 主客体关系的平等化

思想政治教育主体和客体的关系是贯穿高校思想政治教育全过程的基本关系。过去这一关系往往体现为主客体之间某种程度的不平等关系，教育者和受教育者之间往往是我说你听，且教育者似乎总是高于受教育者，往往处于教育权威地位。现在，随着社会的进步和科学技术的发展，教育者和受教育者的社会地位日益平等，教育主体和教育客体的角色、地位再不是一成不变、不可移易的，而是可以相互转化的。两者之间的关系日益平等，教育者和受教育者获取信息的机会日益均等，教育者和受教育者进行和接受思想政治教育的权利和义务日益平等，这些都意味着高校思想政治教育主客体的关系更加平等，也意味着高校思想政治教育日趋民主。

2. 教育过程的双向化

过去高校思想政治教育主要体现为教育主体对教育客体进行的单向度教育。主体总是处于教育的地位，客体总是处于接受教育的地位；主体通过思想政治教育单方面作用于思想政治教育客体，思想政治教育客体在教育过程中只是接受主体的教育。总之，主体与客体的关系是单向度的传播与接受的关系。现在，在高校思想政治教育过程中，主体和客体之间的关系已经成为一种双向互动的关系，即教育主体可以作用于教育客体，教育客体也可以作用于教育主体。教育主体对教育客体进行思想政治教育，同时受到教育客体思想上的启发与影响。教育客体可以主动地接受思想政治教育，也必然反过来影响教育主体的教育活动。教育客体还可以在一定条件下转化为教育主体，主动进行思想政治教育，特别是自我教育。在高校思想政治教育中，主体可以客体化，客体也可以主体化。高校思想政治教育的过程实质上已转变为教育主体与教育客体双向互动、教学相长、优势互补、互相转化、共同发展的关系。

3. 教育方法的民主化

高校思想政治教育方法的民主化，就是高校思想政治教育要充分发扬民主，广泛运用民主的方法开展教育活动。高校思想政治教育方法的民主化主要表现在以下方面。

（1）教育与自我教育相结合。高校思想政治教育既是教育者进行教育的过程，又是受教育者进行自我教育的过程。教育是以思想政治教育者为主体进行的教育，自我教育是以大学生自身为主体自主进行的教育活动。教育以自我教育为目的，不断引导大学生增强自我教育的自觉性、主动性、创造性，逐步达到"教是为了不教"的最高教育境界。自我教育以教育为指导，既为教育提供重要的基础，又可减少自我教育的自发性、盲目性，提高自我教育的成效。教育与自我教育相结合的实质是把教育者的主导作用和受教育者的主动作用在平等的基础上结合起来，实现教育和自我教育的相互渗透、相互促进、相互转化。

（2）教会接受与学会选择相结合。高校思想政治教育既要运用多种方法传播正确的思想理论，又要教育和引导大学生学会接受和内化正确的思想理论；又要引导大学生适应开放条件下思想信息和价值取向多样化的社会环境，学会运用马克思主义的辩证法对多种思想信息和价值取向进行分析、比较、鉴别，去伪存真，获取和吸收正确的思想信息，选择和坚持正确的价值取向。引导大学生在价值取向多样化的开放环境中进行价值选择，充分体现了大学生在思想政治教育中的主体性，是高校思想政治教育民主方法的重要体现。

（3）自律与他律相结合。大学生思想道德发展的规律表明，人的思想道德素质的形成和发展总是遵循由无律、他律走向自律的客观规律与趋势。大学生思想道德素质的发展也是这样。在大学生思想道德素质发展中，必须把他律和自律结合起来。他律主要是法律、纪律、制度等对大学生自身形成的外在约束，具有强制性；自律主要是内化的道德规范对大学生自身形成的内在约束，具有自觉性。同时，自我约束是大学生自主自愿的约束，突出了大学生的主体地位和思想觉悟。自律和他律相互结合、相互促进，是高校思想政治教育方法日益民主的重要体现。

（三）民主化趋势的要求

高校思想政治教育民主化趋势必然要求民主育人，把民主的观念与方法充分运用于高校思想政治教育实践中。具体说来，就是在高校思想政治教育中努力做到以下方面。

1. 平等相待

高校思想政治教育过程实质上是在平等基础上主客体双方思想互动的过程。无论是教育者还是受教育者，在思想政治教育中都是平等的，都要互相尊重对方，尊重对方的人格，尊重对方发表意见的权利，尊重对方的意见和看法，坦诚地交流与沟通，加深理解，寻求共识。

2. 重在疏导

大学生在成长发展过程中存在很多思想困惑和心理障碍，这些思想困惑和心理障碍与自身所处的环境、成长的经历及认知的能力等有着密切的联系。对于这些思想困惑和心理障碍，教育者既不能视而不见，也不能盲目指责，更不能一味压制，而应具体分析其成因与特点，有针对性地做好思想沟通与心理疏导工作，理顺情绪、因势利导、有的放矢。

3. 换位思考

换位思考是思想政治教育发扬民主的重要方法。在高校思想政治教育中，教育者和受教育者要经常进行换位思考。教育者要常常站在受教育者的位置上观察、思考思想政治教育问题，看看思想政治教育的目的、内容和方法是否能很好地满足受教育者的需要；受教育者也要常常站在教育者的位置上观察、思考思想政治教育的目的、意图和要求，理解教育者从事思想政治教育的美好愿望和良苦用心，理解教育者所付出的辛勤劳动与价值，更好地配合教育者进行思想政治教育，共同提高思想政治教育的效果。

4. 比较选择

毛泽东在《在中国共产党全国宣传工作会议上的讲话》中指出："有比较才能鉴别。有鉴别，有斗争，才能发展。"真理总是在同谬误的比较、鉴别和斗争中发展起来的，正确思想也总是在同错误思想的比较、鉴别和斗争中发展起来的。目前，各种社会思潮和价值观念在我国社会中以复杂多样的形态呈现出来，影响大学生的思想发展与核心价值观。在这种情况下，必须以大学生为主体，以马克思主义为指导，教育引导大学生加强开放环境下多种思想信息和价值观念的比较和鉴别，并在此基础上选择和内化正确的思想观点和价值观念。这种以大学生为主体，进行体验、比较、鉴别、选择的方法，本身就是高校思想政治教育民主方法的重要体现。

5. 民主参与

大学生既是思想政治教育的对象，又是思想政治教育的主体，因此要充分尊重和发挥高校思想政治教育的主体作用，引导大学生积极参与思想政治教育过程。同时，要引导大学生参与学校的民主管理，特别是参与与大学生学习、生活和切身利益密切相关的学生事务管理，不断提高他们的民主素质。

三、信息化趋势

（一）信息化趋势的成因

思想政治教育信息化是大学生思想政治教育发展的重要趋势之一，它的产生有下面几个重要的原因。

1. 社会信息化的必然产物

现代社会科学技术获得迅猛的发展，其重要标志之一是现代信息科学技术特别是互联网技术的发展。现代科学技术特别是互联网技术的发展，使信息的传播方式发生了革命性的变革，交互式、大容量、实时、多媒体的信息传播方式代替了过去传统的信息传播方式，它必然深刻影响大学生思想政治教育的信息传播方式，呼唤大学生思想政治教育信息传播方式的现代化，实现大学生思想政治教育的信息化。

2. 大学生信息素质不断提高的客观需要

大学生是现代信息社会中学习、掌握、运用科学技术的主体。随着现代信息科学技术的发展，大学生自觉掌握和运用现代信息科学技术的意识越来越强，人数越来越多。对青少年学生尤其是大学生来说，互联网扮演的角色越来越重要，网络日益成为他们的信息渠道、沟通工具、娱乐工具和生活助手。大学生上网人数、时间的增加和网络应用功能的拓展，表明大学生的网络应用能力和信息素质在不断提高。随着大学生信息意识、信息能力和信息素质的提高，大学生越来越需要和期盼把现代信息科学技术手段运用到思想政治教育中，实现大学生思想政治教育方式的根本变革，大学生思想政治教育应自觉适应和满足大学生的客观需要，着力推进大学生思想政治教育的信息化。

3. 提高思想政治教育有效性的迫切要求

思想政治教育的有效性不仅与思想政治教育的内容有关，而且与思想政治教育的形式、方式、手段有关，与思想政治教育的信息化程度有关。过去，思想政治教育信息传递的方式比较注重历时传递，忽视共时传递；注重单向传递，忽视交互传递；注重垂直传递，忽视横向传递；注重直接传递，忽视间接传递；注重单媒体传递，忽视多媒体传递，这些都严重滞后于现代社会信息化发展的要求，影响了思想政治教育信息传播的效果。为了增强思想政治教育的有效性，迫切需要克服传统的思想政治教育信息传播方式的局限性，将传统方法和现代方法相结合，在继续发挥传统方法应有作用的同时，不断创新和广泛运用各种现代化的信息传播方法，开展大学生思想政治教育，克服信息传递过程中的时间差、空间差、信息差，克服传统方法和现代方法之间的信息落差，增强大学生思想政治教育的吸引力、说服力和影响力，进一步提高大学生思想政治教育的有效性。

（二）信息化趋势的体现与适应

高校思想政治教育信息化趋势主要体现为现代信息科学技术理论、方法、手段在高校思想政治教育中的运用和发展。高校思想政治教育是一个运用现代信息技术手段迅速获取、分析、处理、传递、反馈思想政治教育信息的过程。科学理解和主动适应高校思想政治教育的信息化趋势，必须把握以下几点。

1. 信息观念的确立

从现代信息科学理论和信息科学技术的角度来看，开展高校思想政治教育的过程实际上就是运用一定的思想信息影响大学生思想和行为的过程。既如此，高校思想政治教育的过程也就是思想信息输入与输出的过程。因此必须增强思想政治教育信息意识，确立思想政治教育信息化的工作理念和思路；提高高校思想政治教育者的信息处理能力，自觉运用现代信息技术手段获取、分析、处理各种思想信息；把正确的思想信息传输给大学生，引导大学生在复杂多样的信息环境中接收、判断，从而使其选择、内化正确的思想信息，识别和抵御各种错误思想信息的干扰。处理高校思想政治教育的相关思想信息，不仅要注意提高思想信息输入与输出的能力，还要根据思想政治教育信息输出的效果，即思想政治教育输出的结果是否达到预定的目标，是否产生预期的效果，来加强思想政治教育的反馈、调节。通过把实际效果和预期目标之间的反差再输入思想政治教育信息系统，从而对思想政治教育信息的再输出产生影响，加以调控，直至达到思想政治教育的预期目标和效果。

2. 信息内容的扩充

高校思想政治教育要注意改变过去信息容量过小、内容过于单一、视野过于狭窄的状况，注重在开放的环境中进行思想政治教育，从而扩大思想政治教育信息传播的范围和类别，增大高校思想政治教育的信息容量。大学生求知欲强、知识丰富、视野开阔、思想活跃，能通过各种渠道方便快捷地获取思想信息。因此，在对大学生进行思想政治教育时，一定要注意克服思想政治教育信息陈旧、空洞的弊端，不断扩充信息容量，既要注重国内信息的传递与解读，又要加强国际信息的介绍与分析；既要了解经济、政治信息，又要了解科技、文化、教育信息；既要了解学习成才的信息，又要了解就业成功的信息；既要了解历史信息，又要了解现实和未来的信息；既要了解积极的信息，又要了解消极的信息，以便于大学生在全面了解和把握各种思想信息的基础上独立思考，进而做出正确的判断和选择。只有不断扩充思想政治教育的信息容量，才能提高大学生在复杂多变的开放的信息环境中正确应对和处理各种思想信息的能力，不断提高大学生的信息素养。

3. 信息传播手段的更新

在过去的高校思想政治教育中，通过会议、报告、课堂教学，利用口头语言传播思想政治教育信息的方式比较普遍。现在，在思想政治教育中，这种方式依然不可缺少，但同时要看到这种方式在传播思想政治教育信息方面存在着局限性，需要根据社会信息化的发展趋势和客观要求，充分运用数字化、网络化、多媒体等多种现代信息手段，进行思想政治教育。例如，创建优秀传统文化网站，并把具有思想政治教育价值的理论成果、实践成就、先进典型、经典小说、影视作品等内容融入其中；研发具有丰富思想政治教育信息的软件；制作具有思想政治教育价值的网络游戏；利用电视和互联网制作播出紧密联系实际的电视政论片，加强教育的思想性和艺术性，提高思想政治教育的吸引力。总之，要把思想政治教育的信息手段和方法同传统的思想政治教育方法结合起来，运用现代信息手段和方法改造传统的思想政治教育方法，促进传统思想政治教育方法的现代发展与创新，赋予传统思想政治教育方法新的活力与效能。

4. 信息方法的运用

大力发展网络思想政治教育，需要在网络中把教育引导和严格监管结合起来，积极传播有益信息，及时删除有害信息，营造良好的网络信息环境，防止黄赌毒信息对大学生的腐蚀与侵害；把正面灌输和比较选择结合起来，通过组建网络评论员队伍，针对网上传播的各种信息，及时进行分析和评论，加强针对大学生的选择教育，引导大学生在开放的网络环境中，比较、辨别信息，选择、内化正确的信息；增强大学生自主选择信息的意识和能力，使他们能够自觉抵制不良信息的诱惑和污染，防止信息爆炸形成的信息异化和自我迷失；把大众传媒传递信息和人际传播信息结合起来，转变信息传播方式，坚持实行信息两步传递，既要注重通过大众传媒迅速广泛地传播信息，又要注重通过人际传播渠道深入解读、理解和内化正确的信息，不断提高正确思想信息传播、选择、教育的效果。

四、综合化趋势

(一) 综合化趋势的成因

1. 适应大学生发展需求多样化的必然产物

思想政治教育综合化趋势主要体现为整体育德、综合育人。高校思想政治教育综合化是适应大学生发展需求多样化的必然产物。高等学校的根本任务是培养人才，而培养人才的根本任务是根据大学生多样化的发展需要和党的教育方针的基本要求，促进大学生全面发展，把大学生培养成德智体美劳全面发展的优秀人才。大学生的根本利益在于促进自身健康成长与发展，不仅要通过学习、掌握科学文化知识，提高科学文化素质，还要通过加强体育锻炼增强身体素质，加强思想道德修养和心理健康教育提高思想道德素质和心理素质，全面优化和提升自身的素质结构，促进自身全面发展。因此，大学生发展需求的多样化必然要求高校思想政治教育的综合化。

2. 适应德育功能全面化的必然产物

高校德育有教育引导大学生坚持正确政治方向和价值取向的导向功能；有提升大学生素质、促进大学生全面发展的发展功能；有培养大学生文明素养、约束大学生日常行为的规范功能；有调动大学生的积极性、主动性、创造性，增强大学生学习的精神动力，鼓励大学生奋发成才的激励功能；有帮助大学生解决学习、成才、择业中的各种困难，维护大学生健康成长和发展服务的服务功能；有维护高校和社会稳定，为大学生健康成长创造必要条件的保障功能；等等。全面实现这些功能必然要求综合地开展高校思想政治教育，推进高校思想政治教育综合化。

3. 适应德育资源配置集约化的现实需要

在社会主义市场经济条件下和高等教育改革与发展的进程中，高校的办学资源相对紧缺且分散，而高校思想政治教育的任务日趋繁重。因此，如何把相对紧缺的办学资源，特别是德育资源加以整合与调整，实现德育资源的合理配置，使有限的资源在日益繁重的高校思想政治教育中发挥更大的作用，成了高校思想政治教育面临的重大课题和紧迫任务。然而，把分散的、紧缺的教育资源有效整合在一起并进行合理配置，保证高校思想政治教育重大课题和紧迫任务的完成，也需要深入推进高校思想政治教育的综合化。

（二）综合化趋势的要求

高校思想政治教育综合化趋势的基本要求就是要坚持综合育人，形成整体大于部分之和的育人效应，也就是要增强高校思想政治教育的综合效应、整体效应。具体来说，全面育人，既要提高大学生的思想道德素质，又要提高大学生的科学文化素质，还要提高大学生的身心健康素质，促进全体大学生全面发展。全员育人，既要依靠学校党的工作者和学生辅导员开展高校思想政治教育，使他们成为高校思想政治教育的中坚力量；又要依靠和发挥广大教师、行政干部和后勤职工的育人作用，使他们成为高校思想政治教育的重要力量。只有全校的所有人员都关心、重视、支持和参与高校思想政治教育，才能形成浓厚的育人氛围，凝聚育人的强大力量，从根本上加强和改进高校思想政治教育。全程育人，就是要使高校思想政治教育贯穿教学、管理和服务工作的全过程，使教学、管理、服务过程的每个阶段、每个环节都体现育人的功能和要求。例如，把高校思想政治教育贯穿科学文化知识传授过程中备课、授课、实验实习、考试、评阅等各个环节，通过良好的教风培养学生严谨治学的学风，加强诚信教育，使学生拥有良好的学术道德，增强创新精神和创新能力。只有做到全面育人、全员育人、全程育人，才能真正做到育人为本、德育为先、整体育德，使高校思想政治教育的整体效应不断增强。

第二节　在高校思想政治教育中坚定大学生的文化自信

文化自信，是更基础、更广泛、更深厚的自信，是一个国家、一个民族发展中更基本、更深沉、更持久的力量。在党的十九大报告中，习近平总书记进一步强调："文化是一个国家、一个民族的灵魂。文化兴国运兴，文化强民族强。没有高度的文化自信，没有文化的繁荣兴盛，就没有中华民族伟大复兴。"①文化自信是一个民族、一个国家对自然禀赋和拥有的文化价值的充分自觉与肯定，是文化旺盛生命力所保持的坚定信心和发展希望。一个民族、一个国家，只有在对其文化抱有强烈信心和高度认同的前提下，才能获得坚持和坚守的意志，才能鼓起奋发进取的勇气，才能克服前进路上的艰难险阻，激发出发展创新的无限活力。中华优秀传统文化是树立文化自信的重要基础，在今天改革开放和建设中国特色社会主义现代化国家的历史进程中，想要秉承毛泽东同志曾提出过的"道德哲学在开放之时代尤要"的论断，就要不断从中华优秀传统文化中挖掘既体现中国特色又具有社会主义特征，且能为现代化建设提供德性和心性保障的伦理道德。

一、大学生坚定文化自信的重要意义

(一)有助于建设社会主义文化强国

朝代的更改、时代的更迭都会伴随文化的发展和进步。文化是一定时期政治和经济状况的反映。一个国家经济发达、社会稳定，那么它的文化必然也会与之共同繁荣。中国拥有5000多年的历史，从古代奴隶社会到现代社会主义社会，中华儿女在民族精神文化的影响下，发展出了中国特色社会主义思想文化，成为中华民族绵延不绝的前进道路上的精神支柱。建设社会主义文化强国的核心在于发展中国特色社会主义文化。中华优秀传

①习近平. 决胜全面建成小康社会夺取新时代中国特色社会主义伟大胜利——在中国共产党第十九次全国代表大会上的报告[M]. 北京：人民出版社，2017:41.

统文化在之前的基础上融合了中国革命、建设、改革的革命文化及社会主义先进文化结晶，在百年浴血奋战、持续斗争中历久弥新、持续发展。近现代以来，外来文化的植入使我们意识到只有国家强大，人民才能拥有美好生活。因此，建设社会主义文化强国，实现中华民族伟大复兴，是我们每个中华儿女应尽的责任和义务。当代大学生更要坚定文化自信，投身社会主义实践，在真理中接受实践的检验，为中国特色社会主义事业不断奋斗。

（二）有助于传承弘扬中华优秀传统文化

中华优秀传统文化深厚、博大、多元、多样，支撑着我们的民族不断前行、不断发展。中华优秀传统文化对于人类社会发展产生了重大的影响，当下世界各国的文化都在相互影响，我们的文化自信根植于中华民族千百年来流传的传统文化，但多数当代大学生对传统文化了解不多、知识掌握较少，不能充分感受和理解中华优秀传统文化。中华优秀传统文化，经历了春秋战国时期的百花齐放、百家争鸣，唐宋元明清的继承发展，再到近现代革命文化、社会主义特色文化。因此，要坚守民族文化根本，增强文化自信，在当下高校教育中渗透传统文化教育内容，将中华优秀传统文化发扬出去，让所有中华儿女及海外人士都可以感受到中华优秀传统文化的魅力。

（三）有助于全面提高大学生的综合素质

人才是引领发展的第一动力，培养造就大批德才兼备的高层次人才是社会发展的需求。当代大学生面对的诱惑很多，加之其心理及思想没有完全成熟，外界的干扰因素易对他们产生影响，从而使其误入歧途。在网络媒体多元文化的冲击下，文化自信尤为重要。如果学生盲目接受外来文化，丧失对本民族的文化自信，会对自身成才发展产生不利影响。文化自信可以帮助大学生提高个人修养，全面提升自身的综合素质。

二、文化自信的来源

今天的中国是历史中国的延续和发展。中国道路来自以史为鉴的发展进步，中国模式来自立足本土的实践成就，中国精神来自古为今用的文化精髓和包容广泛的人文理念。中国人民的文化自信，正是来源于源远流长的民族记忆和圆融大气的中国智慧，来源于对中国特色社会主义道路的坚定信念，来源于中国特色社会主义取得的巨大成就。

坚定文化自信就是为坚持中国特色社会主义道路奠定坚实的思想和文化的根基，关系到中华民族伟大复兴的实现。这是因为我们的文化自信有着经过历史和现实检验的深厚理论基础。习近平总书记在庆祝中国共产党成立 95 周年大会上指出："在 5000 多年文明发展中孕育的中华优秀传统文化，在党和人民伟大斗争中孕育的革命文化和社会主义先进文化，积淀着中华民族最深层的精神追求，代表着中华民族独特的精神标识。"

中华优秀传统文化、革命文化和社会主义先进文化是中华文化的精神基因，体现着中国道路的历史渊源、发展历程与文化传承，它们共同构成文化自信的理论基础，共同构成文化自信的内核与承续谱系。在中国特色社会主义体系中，道路自信、理论自信、制度自信、文化自信构成的"四个自信"作为一个有机整体，关系事业发展的方向和未来，关系中华民族伟大复兴中国梦实现的路径和保障。文化自信所包含的优秀传统文化、革命文化和社会主义先进文化与道路自信、理论自信、制度自信结合在一起，提升了民族文化自觉，提高了国家文化软实力，为中华民族伟大复兴的中国梦的实现提供源源不断的精神动力和智力支持。

第一，中国共产党带领中国人民实现了将中国从几千年封建专制政治向人民民主的伟大飞跃；实现了从一穷二白、人口众多的东方大国大步迈进社会主义社会的伟大飞跃；推进了中华民族从站起来到富起来的伟大飞跃；中华民族迎来了从站起来、富起来到强起来的伟大飞跃。这四次伟大飞跃改变了民族的命运，创造了人类发展史上的奇迹，使中华民族焕发出蓬勃生机，增强了中华民族的自信心和自豪感，这也表明了马克思主义、中国共产党的领导、社会主义道路、改革开放、坚持和发展中国特色社会主义是历史和人民的正确选择。

第二，文化自信有着经过历史和现实检验的深厚理论基础。中国共产党将马克思列宁主义运用于中国实践及其中国化的过程，也是马克思主义与中国文化相结合的过程。中华优秀传统文化、革命文化和社会主义先进文化，就是在这个过程中经过大浪淘沙后沉淀出的思想精华，中国特色社会主义文化正是吸纳了这些思想文化精华。这些思想文化精华体现了中国特色社会主义道路的历史渊源、发展历程与基本走向，让人们明白中国人为什么要选择中国特色社会主义道路，我党又是怎样开创、坚持与发展中国特色社会主义道路的，这些思想文化精华就是文化自信的基础。

（一）文化自信来源于中华优秀传统文化

中华优秀传统文化是文化自信的基础。博大精深的优秀传统文化蕴含着丰富的哲学思想、人文思想、道德观念，对中华文明的延续和发展，对维护我国多民族国家的团结统一，对民族精神的形成，对抵御外来侵略，对中华民族的独立和人民解放，对推动社会进步都发挥了非常重要的作用，它是中华民族的"根"和"魂"，是我国人民共同的精神基因，是中华民族的精神象征，是我国不断发展壮大的精神动力。因此，习近平总书记十分重视优秀传统文化，将其作为治国理政的可贵思想文化资源。

第一，中华优秀传统文化具有重要的历史作用。我国各民族人民世代相传的精神文化包括诸子百家思想在内的智慧是我国传统文化的重要组成部分，构成了我国传统文化的基本精神，奠定了我国思想文化发展的历史性基础，对中华民族文化的繁荣发展具有重要推动作用，影响深远。道家学说是我国传统哲学的基础，法家学说的变革思想又为历代政治家、思想家提供了治国理政和改革创新的理论武器；儒家思想孕育了我国传统文化中的道德准则和政治理想，彰显了古代人文精神。中华优秀传统文化在历史上推动了世界文化的发展，是世界文明的重要组成部分。

第二，中华优秀传统文化具有重要的时代价值。传统文化中倡导的"天人合一"的宇宙观对人与自然和谐共处，"大一统"思想对维护祖国的统一与社会的稳定，"义利观"对培养人们见利思义的为人准则和市场经济的治理与完善，"民惟邦本""以德治国""德刑相辅"的治国理政思想对关注民生、消除贫困和当前的政治建设都有着积极的作用。

第三，中华优秀传统文化对于构建人类命运共同体具有重要现实意义。中华优秀传统文化对世界文化具有深远影响。例如，儒家思想在东亚、东南亚甚至欧洲都影响巨大，各国思想家对其大加赞赏，成为当今世界各国汲取和借鉴中华优秀传统文化的重要内容之一。儒家思想中具有"和谐"的人文精神、"大同"的思想、"和为贵、和而不同"的东方理念、"协和万邦"的国际观，对构建和谐世界、培养国际人道主义精神都具有重要意义，被世界人民所推崇，是建立人类命运共同体的重要精神力量。中华优秀传统文化具有重要的历史作用和时代价值，对我们今天的中国特色社会主义建设，对世界的和平与发展都具有现实意义，是文化自信的主要基础。

(二) 文化自信来源于中国共产党领导人民创建的革命文化

中国共产党领导人民在革命中创建的先进文化是文化自信的重要基础。中国共产党不仅仅是中华优秀传统文化的传承者与弘扬者，也是先进革命文化的创建者与发展者。自中国共产党成立之日起，在革命道路的探索和实践过程中，无论是新民主主义革命时期还是社会主义革命和建设时期，中国共产党都把文化建设作为一项重要任务，以毛泽东同志为核心的党的第一代领导集体，带领中国人民实现了马克思主义中国化第一次历史性飞跃，奠定了中国革命和建设的文化理想，培育了群众参加中国革命与建设的政治热情、牺牲精神与道德追求，制定了民族的、科学的、大众的新民主主义文化纲领，发扬"井冈山文化""长征精神""延安革命文化""西柏坡精神"，这些富有民族特色、时代特征的宝贵文化代表着革命时期深远的精神追求。我们坚定文化自信正是对党领导人民创建的伟大革命文化的继承。

(三) 文化自信来源于社会主义先进文化

中国共产党领导人民在社会主义建设时期特别是改革开放以来，创立的先进文化是文化自信的主要内容。社会主义先进文化既脱胎于优秀传统文化和革命文化，同时又是优秀传统文化和革命文化的凝聚和升华，是对优秀传统文化和革命文化的继承与发展。从"雷锋精神""铁人精神""两弹一星精神"，到"载人航天精神""北京奥运精神""抗震救灾精神""改革创新精神""与时俱进精神""开拓进取精神"等，都为我们新时期推进文化建设奠定了坚实的基础。

自改革开放特别是党的十八大以来，党领导人民在建设社会主义先进文化过程中把文化继承与文化创新、文化自觉与文化借鉴结合在一起，形成了中国特色社会主义文化，表现出了中国特色社会主义文化内涵和文化高度，是党和人民在开创、坚持和发展中国特色社会主义道路、理论、制度的过程中，以马克思主义文化观为指导，以文化建设、文化强国的实践为基础，创造出的文化成果。在几十年的社会主义实践中，我们创造出"中国道路""中国奇迹""中国方案"，展现出中国特色社会主义伟大的历史功绩、雄厚的中国力量和光明前景。而文化自信就是对中国特色社会主义共同理想和共产主义远大理想的承诺和现实推进，是以中国为主体的文化建设与价值观建设，是党对实现中华民族的伟大复兴这个新的历史时期的文化理想的自觉与倡导，它从理想建构的高度上展现了中国特色社会主义文化的魅力。文化自信彰显出我们民族的文化根基、文化理想以及文化本质，标志着党已经对中国特色社会主义有了更明确的文化建构，内含着我们民族更深层次的精神追求，代表着我们最独特的精神标识，焕发着我们民族蓬勃的文化生机与活力。

三、坚定文化自信的路径

习近平总书记指出："当高楼大厦在我国大地上遍地林立时，中华民族精神的大厦也应该巍然耸立。"① 这就要求我们在大力推进经济建设的同时大力加强文化建设，充实文化自信的底蕴，打牢文化自信的基础。

（一）坚持马克思主义指导思想是根本

坚持以马克思主义为指导，是中国特色社会主义文化区别于其他文化的根本标志和灵魂所在。坚定文化自信，根本是坚持以马克思主义为思想指导。百年来，中国共产党之所以能够完成近代以来各种政治力量不可能完成的艰巨任务，就在于始终把马克思主义这一科学理论作为自己的行动指南，并坚持在实践中不断丰富和发展马克思主义。马克思主义及其在中国的发展，为党和人民事业发展提供了既一脉相承又与时俱进的科学理论

---

①习近平.在文艺工作座谈会上的讲话 [N].人民日报,2015-10-15（002）.

指导，为增进全党全国各族人民团结统一提供了坚实的思想基础。习近平总书记强调："马克思主义是我们立党立国的根本指导思想。背离或放弃马克思主义，我们党就会失去灵魂、迷失方向。在坚持马克思主义指导地位这一根本问题上，我们必须坚定不移，任何时候任何情况下都不能有丝毫动摇。"① 这就要求我们必须警惕和反对各种反马克思主义言论，避免用西方资本主义的价值体系为中国量体裁衣，避免用西方的标准拷问中国的问题，坚守马克思主义信仰不动摇；要求我们牢牢掌握意识形态工作领导权、主导权和话语权，确保马克思主义在思想文化领域的一元主导地位，确保马克思主义发挥其在多元中立主导、在多样中谋共识、在多变中把方向的引领作用；要求我们用马克思主义指导哲学社会科学发展，以马克思主义基本原理、马克思主义中国化形成的成果及其文化形态为主体内容来构建充分体现中国特色、中国风格、中国气派的学科体系、学术体系、话语体系。

（二）做好传统文化的创造性转化、创新性发展是关键

中华优秀传统文化是中华民族的"根"和"魂"。坚定文化自信，关键是做好传统文化的创造性转化、创新性发展。中国传统思想文化中的优秀成分，对几千年来中国社会发展进步起到了十分重要的作用。其中蕴含的丰富哲学思想、人文精神、教化思想、道德理念等，也为治国理政和解决人类社会难题提供了有益启示；但同时，中华优秀传统文化与社会主义市场经济、民主政治、先进文化、社会治理等还存在需要协调适应的地方，因此，必须结合新的时代条件对传统文化进行创造性转化、创新性发展。这就要求我们一方面要大力宣传中华民族的优秀文化和光荣历史，继承五四运动以来的革命文化精神，通过多种方式加强爱国主义、集体主义、社会主义教育，引导人们树立和坚持正确的历史观、民族观、国家观、文化观，增强文化底气；另一方面要采取马克思主义的态度，坚持古为今用，推陈出新，有鉴别地加以对待，有扬弃地予以继承，取其精华，去其糟粕，既不能片面地讲厚古薄今，也不能片面地讲厚今薄古，更不能采取全盘接

---

① 习近平.在庆祝中国共产党成立95周年大会上的讲话［N］.人民日报,2016-07-02（002）.

受或者全盘抛弃的绝对主义态度，此外，还要按照时代特点和要求，对那些至今仍有价值的内涵和陈旧的表现形式加以改造，赋予其新的时代内涵。

（三）培育和践行社会主义核心价值观是核心

坚定文化自信，核心是培育和弘扬社会主义核心价值观。习近平总书记指出："核心价值观是文化软实力的灵魂、文化软实力建设的重点。这是决定文化性质和方向的最深层次要素。一个国家的文化软实力，从根本上说，取决于其核心价值观的生命力、凝聚力、感召力。"[1]因此，坚定文化自信，从根本意义上说，就是要坚持价值观自信。社会主义核心价值观，是社会主义社会倡导的价值观念的集中体现，是社会主义核心价值体系的高度凝练，承载着中华民族深层次的精神追求，体现着社会主义社会评判是非曲直的价值标准。充分发挥社会主义核心价值观的应有功能和独特作用，价值观自信是前提和关键。人们只有对自己的价值观充满自信，在情感上认同、在心理上敬畏，才能在实践中更加笃定地践行。这就要求我们必须揭示社会主义核心价值观所反映的中国特色社会主义的价值诉求，从根本上把社会主义核心价值观同资本主义核心价值观区别开来，使人们在心灵深处认知、认同社会主义核心价值观的中国特色、中国风格和中国气派，认知、认同社会主义核心价值观的先进性、科学性和崇高性。

（四）坚持以文育人、以文化人是途径

以文育人、以文化人，重视人文教育、精神成长、思想提升，是把文化渗透到人内心的重要途径。坚定文化自信，途径是坚持以文育人、以文化人。以文化人，实质上就是重视人文教育、隐性教育，注重精神成长、思想提升，主张潜移默化、润物无声，通过有意味的形式，长久地、默默地、逐渐地感染人、影响人、转化人，让人们在不知不觉中接近和接受正确价值观、远离和摒弃错误价值观，实现"蓬生麻中不扶自直""入芝兰之室久而自芳"的教育效果。努力用中华民族创造的一切精神财富以文化人，以文育人。这就要求我们要用中华优秀传统文化教育人，科学传承和弘扬传统文化的思想精华，讲清楚中华优秀传统文化的历史渊源、发展脉络、

---

[1]习近平.习近平谈治国理政[M].北京：外文出版社，2014：163.

基本走向，讲清楚中华文化的独特创造、价值理念、鲜明特色，增强文化自信和价值观自信；用革命文化熏陶人，用中国共产党带领中国人民创造的"井冈山精神""长征精神""延安精神""西柏坡精神"等来教育人、感染人，让人们深刻理解党领导人民进行革命的光辉历程和巨大成就，自觉树立起坚定的理想信念和革命精神，增添人生正能量；用社会主义先进文化引导人，培育和坚定社会主义核心价值观，使全社会形成广泛而深刻的价值认同，不断增进社会思想共识，不断增强社会共同体的团结和谐，不断强化全民族的向心力和凝聚力，沿着中国特色社会主义道路奋勇前进。

四、坚定文化自信对于高校思想政治教育的作用

高校思想政治工作的一个重要内容，在于使大学生深刻理解只有中国特色社会主义才能发展中国，从而增强他们的道路自信、理论自信、制度自信、文化自信。而文化自信是更基础、更广泛、更深厚的自信，坚定文化自信既是增强道路自信、理论自信、制度自信的题中应有之义，也是增强道路自信、理论自信、制度自信的重要前提和基本路径。因此，坚定文化自信，对深化高校思想政治工作具有根本性意义。

（一）坚定文化自信是深化高校思想政治工作的重要基础

文化自信是更基础、更广泛、更深厚的自信，坚定文化自信是深化高校思想政治工作的重要基础。高校思想政治工作者坚定文化自信，就会在工作和教学中更有底蕴和底气；学生坚定文化自信，就会在对社会主义的认识上更为信服和信任。

中国特色社会主义的道路自信、理论自信、制度自信与文化自信是紧密联系的统一体，引导我们认识中国特色社会主义事业的不同维度和方面。这里的文化自信内在地蕴含着中国特色社会主义的道路自信、理论自信、制度自信。因此，坚定文化自信，离不开道路自信、理论自信和制度自信的确立，而坚定道路自信、理论自信、制度自信，也同样离不开文化自信的滋育。我们知道，坚定道路自信、理论自信、制度自信与文化自信，归根结底是要坚定中国特色社会主义自信。这也正是高校思想政治工作的核

心目的所在。

大学生是生活于文化氛围之中的，文化认同比起道路认同、理论认同、制度认同更具有一种亲和力。可以说，就一般的认知和接受规律而言，往往是先建立起文化上的认同，然后才有道路、理论和制度上的认同。为此，教育工作者必须切实增强大学生文化自信，充分运用好文化资源、发挥好文化力量，为提高大学生的道路自信、理论自信、制度自信打牢文化自信基础。同时还要不断提升培育道路自信、理论自信、制度自信的实效性，在道路自信、理论自信、制度自信、文化自信的有机统一中，增进和加强大学生对中国特色社会主义的认同与自信。

（二）坚定文化自信是深化高校思想政治工作的主要路径

坚定文化自信是在高校思想政治工作中实现以文化人的重要基础和重要条件。通过树立坚定的文化自信，增强大学生的道路自信、理论自信和制度自信，是一个符合人的接受和认识规律的过程，对于增强思想政治工作的科学性具有重要意义和价值。由此，我们也可以说，坚定文化自信是深化高校思想政治工作的主要路径。

"人创造环境，同样，环境也创造人。"[①]发挥文化的思想政治教育功能，实际上，就是要创造一种优良的文化环境，并以这一优良的文化环境去创造人。在一定程度上可以说，文化环境是影响人的素质生成的最基本、最复杂、最深刻、最重要的元素。它是特定的人类社会在其长期绵延发展历史进程中逐步累积形成的，主要由一定的价值观念、日常伦理、道德规范、行为方式、宗教信仰、审美观念及生活风俗等内容构成。文化环境影响和制约着人们的观念、趣味、需求、情感、行为的方式和特点，往往对思想道德素质产生着直接的影响。

因此，创造并改良文化环境是实现以文化人、坚守社会主义核心价值观、推动思想政治工作创新的一个基本前提。优良的文化环境一旦形成，就会具有一定的稳定性和传承性，所以，着力于构建承载社会主义核心价值观的文化环境，可谓实现和优化思想政治工作的长效工程、基础工程。而创

---

①卡尔·马克思，弗里德里希·恩格斯.马克思恩格斯文集（第一卷）[M]．北京：人民出版社，2009：545.

造和改良文化环境，就是要始终坚持社会主义先进文化前进方向，使文化的性质、取向、内涵、形态有利于培育和形成人们的文化自信，特别是形成人们对内化于文化之中的价值观取向的强烈认同。

（三）要在知识传授过程中进行价值引导

文化自信的确立离不开知识判断，更离不开价值判断。因此，一方面，高校要把学生的知识传授和智力培养放在重要地位，注重对大学生进行知识传授与智力培养，使他们通过系统科学的文化知识学习，成为掌握现代科学文化知识的高级专门人才，充分促进他们智力的发展。另一方面，任何知识、文化都包含一定的价值取向，都会直接或间接地影响大学生成长。因此，要注重把知识传授和价值导向结合起来，把学习科学知识和加强思想修养结合起来，在智育活动中注重价值观培育，在知识传授中加强价值教育和引导。特别是哲学社会科学课程，具有突出的科学性和鲜明的价值倾向，更要把二者紧密结合起来，强化价值引导，使大学生牢固确立正确的世界观、人生观、价值观。

坚持在知识传授过程中进行价值引导，关键是要以社会主义核心价值观教育为重点，引导高校学生正确认识和处理自我与社会的关系，把实现自我价值与服务人民结合起来，把个人价值融入社会价值，在自觉服务国家和人民、实现社会价值的过程中实现自我价值。总之，一定要把教书和育人、德育和智育、知识传授和价值导向紧密结合和高度统一起来。

第三章　中华优秀传统文化与高校思想政治教育融合的必要性

第一节　中华优秀传统文化中蕴含着丰富的思想政治教育资源

一、中华优秀传统文化中蕴含着丰富的品质精神

（一）天下兴亡，匹夫有责的爱国主义精神

爱国主义是中华民族精神的核心，也是现代高校思想政治教育的重要内容。中华优秀传统文化中所蕴含的爱国主义思想可以说是非常丰富的。爱国主义要求大学生思考人民、社会、民族、国家的整体利益，强化爱国思想。中华优秀传统文化不仅强调个人应得的权利与所体现的价值，而且强调个人应承担的社会责任和义务，要约束个人的行为，展现自身道德素养，同时强调社会道德规范，强调民族的整体精神和大义。例如"先天下之忧而忧，后天下之乐而乐""天下兴亡，匹夫有责""人生自古谁无死，留取丹心照汗青"等经典名句，充分体现了先贤深厚的爱国主义情结。林则徐虎门销烟誓死捍卫国家利益、董存瑞挺身炸碉堡、刘胡兰坚贞不屈英勇就义等，这一个个积淀在历史长河中的英雄事迹无不体现了浓烈的爱国主义精神。抗战时期，无数革命先烈用自己的鲜血保卫了祖国大地，捍卫

了中华民族的尊严。现如今，弘扬爱国主义精神，从中华优秀传统文化中挖掘的爱国主义教育资源，对现代大学生爱国主义情操培养的影响是极为深刻的。

一个国家和社会的现代化发展要求人们不仅要有扎实的专业知识，还要有深厚的文化内涵。只有充分了解本国文化，具备扎实深厚的文化根基，才能真正做到全面发展，从而获得长足的进步。这就要求高校教育工作者把人的全面发展和优秀传统文化有机地统一起来，采取合适的教学方法，将中华优秀传统文化传递给大学生，让他们深刻了解中华文化的源远流长与精神内涵，激发他们的爱国热情，树立民族文化自信，做到自尊自爱、自立自强，增强民族自豪感和凝聚力。教育工作者必须从中华优秀传统文化的宝库中寻找有用的思想资料和人生智慧，在赋予学生正确、合理的当代意义的基础上，对他们进行爱国主义教育。

（二）自强不息、奋发有为的进取精神

"自暴者，不可与有言也；自弃者，不可与有为也。"优秀传统文化强调自强不息、积极进取，反对消极无为、自暴自弃的消极心理，从古至今，激励着人们积极向上，奋发有为。这种精神不仅表现在反抗外敌侵略、推翻黑暗统治和保卫国家山河的斗争中，还表现在治学和其他一切事业中。苏秦刺股、匡衡凿壁、孙敬悬梁、刘向燃藜、孙康映雪、车胤囊萤、江泌借月等，这些都堪称中华民族勤奋好学、刻苦成才的典范。司马迁曾获罪下狱，身受宫刑，但正是在这种精神的感召下，"故述往事，思来者"，写成光辉巨著《史记》。卧薪尝胆、祖生击楫等动人故事，激发出后来人们"闻鸡久听南天雨，立马曾挥北地鞭"的壮举。通过研究中国历史和优秀传统文化可以得出这样的结论："人类总得不断地总结经验，有所发现，有所发明，有所创造，有所前进。停止的论点，悲观的论点，无所作为和骄傲自满的论点，都是错误的。"[①]这不仅是对中华优秀传统文化中自强不息、有所作为的精神的理论概括，而且为弘扬这种精神提供了哲学指导。

---

①毛泽东.修改周恩来在第三届全国人民代表大会第一次会议上《政府工作报告》的增写[N].人民日报，1964-12-31.

（三）崇德修身、追求崇高的人格精神

中华优秀传统文化中的道德内容十分丰富。《论语·述而》："志于道，据于德，依于仁，游于艺。"要求人们立志于道，据守于德，依倚于仁，游憩于礼乐射御书数六艺之中，陶冶与塑造完美的人格。一般来说，中华优秀传统文化包括传统道德思想学说、传统道德风俗习惯、民族传统道德心理三个方面。

传统道德的思想基础在于人之所以为人的自觉，亦即人格意识。传统观念中对于"为人之道"的认识，首先在于肯定自己是一个人，生活行动要遵守做人的原则，要坚持自己的独立意志与独立人格。"一箪食，一豆羹，得之则生，弗得则死。呼尔而与之，行道之人弗受；蹴尔而与之，乞人不屑也。"体现出古人将人格尊严视为比生命更宝贵的存在。人格的尊严在于道德的自觉，有道德自觉的人才能成为一个高尚的人。传统文化通过对理想人格的设计，从人生远景上塑造和影响个体人格，从而使其道德价值观获得普遍的心理认同。理想人格的影响力是巨大的。《孟子·尽心下》："圣人，百世之师也，伯夷、柳下惠是也。故闻伯夷之风者，顽夫廉，懦夫有立志；闻柳下惠之风者，薄夫敦，鄙夫宽。奋乎百世之上，百世之下，闻者莫不兴起也。非圣人而能若是乎？"所谓"理想人格"，可以理解为对一种人格模式的理想化的设计，是人们在自己的心目中塑造出来的、最值得追求和向往的、最完美的人格典范，是人格所应达到的最高境界。这种"应当"的境界不是现实的，但又具有现实的可能性。人们可以通过持续的选择性活动不断接近它。理想人格的设定，从人生远景上回答了做什么样的人的问题，是一种人格追求的最高典范和做人的楷模。人们对理想人格的追求就是对更高的人生价值的追求。理想人格是一种价值目标。在代表中华优秀传统文化精神的历代典籍中，多把圣人先王作为理想中的伟大人物。如孟子说："圣人，人伦之至。"能达到这种人生境界的人被称为"大丈夫"或"君子"。历朝历代曾"江山代有才人出"，但从发展看，都只能"各领风骚数百年"。这正表明了理想人格是发展的，具有历史和时代的内容特色。

（四）勤劳勇敢、崇尚奉献的品质精神

中华民族是一个勤劳勇敢、崇尚奉献的民族。相传在远古时代，神农氏就"教民农作"，《史记》中有"舜耕历山"的记载，传世文献中有大禹勤勉奉公，为了治水三过家门而不入的故事，还有"盘古开天地"的创新、"女娲补天"的无畏、"夸父追日"的坚毅、"精卫填海"的顽强、"愚公移山"的坚持，无一不是对中华民族勤劳勇敢、崇尚奉献品质的写照。延续至今，一代又一代中国人迎难而上，自力更生，用辛勤的劳动和团结协作的精神创造了一个又一个令世人瞩目的奇迹，充分体现了中华民族坚忍不拔、刻苦耐劳、勇于奉献的高尚境界。

（五）厚德载物、兼容并蓄的包容精神

中华文化在几千年的发展中，始终秉承兼容并蓄的包容理念，在与外来文化的交往交流中，中华民族始终以宽阔的胸怀和独有的文化自信，海纳百川，吸纳外来文化并融合更新，为中华优秀传统文化的形成提供了丰厚的滋养。这种兼容并蓄的包容理念与先秦时期古人所提出的厚德载物的观念是相互关联的。

关于厚德载物观念的论述，最早见于先秦典籍《周易》之中。《周易·坤卦·象传》曰："地势坤，君子以厚德载物。"《周易》中关于厚德载物的解释，意为天地万物靠大地生长，大地承载万物、包容万物，大地是万物的承载者。所以君子应该效法大地厚德载物的美德，以宽厚的道德胸怀包容万物，对待事物有兼容并蓄的胸怀。作为君子，应当以良好的道德修养包容吸纳别人不同的意见，要有尊重差异的基本品格。1914年，梁启超在清华大学演讲，以《周易》两卦辞为中心内容激励清华学子发愤图强，并做了如下的诠释："坤象言君子接物，度量宽厚，犹大地之博，无所不载。"此后清华大学的校训以《周易》乾坤二卦为来源，浓缩为"自强不息，厚德载物"八个字，集中展现中华文化的基本精神。

厚德载物观念体现了中国古人以自然为师，从中提炼生存经验，并指导社会实践的方式，具有较强的理论阐释价值和现实指导价值，经过古代先哲的文化提炼，形成了一套完整的理论价值体系，深深根植于中华文化

的土壤，对中国人的价值观产生了深远的影响。在文化交流等方面，厚德载物观念衍生出的兼容并蓄的思想得到了鲜活展现。时至今日，兼容并蓄的思想依然熠熠生辉，其文化价值不容忽视。世界是丰富多彩的，这些多元的色彩也要得到尊重，正所谓"和而不同"。学会尊重差异，欣赏差异，包容多样，这不仅是一种历练，更是一种境界，这一切都体现在厚德载物的思想中。

（六）知行合一、经世致用的精神

经世致用精神，强调知行合一，践形尽性，经国济民，兼重文事武备，明理达用，反对空谈高调。知行关系问题涵盖的是理论理性与实践理性的统一。中国古代哲学家的兴趣不仅在于建构理论体系，把思想与观念系统表达出来，还在于言行一致、知行统一，自己所主张的与自家身心的修炼必相符合。他们强调知行的互动，即按照自己的哲学信念生活，身体力行，集知识与美德于一身，把自己提升到超越的境界。从朱熹、王阳明和王夫之的知行统合观中可以得知，中国哲学家的行为方式是理想与理性的统一、价值与事实的统一、理论理性与实践理性的统一。他们各自的侧重点或许有所不同，但把价值理想现实化，实践出来，而且从自我修养做起，落实在自己的行为上，完全出于一种自觉、自愿、自由、自律，这是颇值得称道的。

关于传统知行观的现代改造，首先，应由单纯的德行和涵养性情方面的知行，推广应用到自然的知识和理论的知识方面，作为科学思想以及道德以外的其他一切行为（包括经济活动、工商行为及各种现代职业等）的理想根据。其次，这个"知"是理论的系统，不是零碎的知识，也不是固定的概念或抽象的观念，更不是被动地接受外界印象的一张白纸，而是主动的发出行为或支配行为的理论。最后，这个"行"不是实用的行为，而是严格意义上的实践。这个实践是实现理想、实现所知的过程，又是检验所知的标准。《孟子·尽心上》："尽其心者，知其性也。知其性，则知天矣。存其心，养其性，所以事天也。夭寿不贰，修身以俟之，所以立命也。"意在指导人达到一种精神境界。因此，中华文化精神能够与现代文明相配合，弥补科技和现代性的偏弊，求得人文与科技、自然相协调健康地发展。

二、中华优秀传统文化中思想政治教育资源的体现

中华优秀的传统文化一以贯之地引导人们崇德修身和尚德向善，特别强调重人伦、崇道德、尚礼仪，在本质上是一种注重彰显伦理与德性意蕴的道德文化。中华优秀传统文化蕴含着丰富的伦理道德观念和精神价值追求，具有很强的吸引力、凝聚力和感召力。中国特色社会主义进入新时代，不仅开启了在新的历史条件下中国特色社会主义道德建设的新征程，还将继承和弘扬中华优秀传统道德文化推到了一个新高度。

（一）优秀传统文化中的德育资源

孕育了中华民族宝贵的精神品格和崇高的价值追求的中华优秀传统文化是中华民族的"根"与"魂"，是新时代实现中华民族伟大复兴中国梦坚实的文化根基。在中国传统社会，人们一贯将道德培养置于比知识更重要的位置。正如《弟子规》所言："弟子规，圣人训。首孝悌，次谨信。泛爱众，而亲仁。有余力，则学文。"需要特别指出的是，作为优秀传统文化精髓的中华传统美德，反映了中华民族最深层次的精神追求，具有强劲的生命力、凝聚力和感召力。它蕴含着丰富的思想道德资源，为中华民族生生不息和发展壮大提供了丰厚的精神滋养。优秀传统文化中蕴含的修身、孝悌、仁爱、忠信、乐群、扬善等诸多理念，至今仍具有鲜明的教化意义，为大学生思想政治教育研究与实践提供源源不断的文化滋养。

（二）优秀传统文化的重要使命是强化道德建设

众所周知，中国素有崇德向善的文化传统，注重思想道德建设，实现"以文化人"，是中华文化强国战略的重要组成部分。思想道德建设是社会主义精神文明建设的核心部分和灵魂。实践表明，一个国家、一个民族的强盛，不仅表现在经济、军事等硬实力的强大，还表现在有强大的文化力量做支撑。要实现中华民族的伟大复兴，就必须大力促进社会主义文化建设的繁荣发展。要实现社会主义文化繁荣发展，对于先人历经千辛万苦创造、传

承下来的道德文化，就应当采用扬弃的方法，在传承中创新，在创新中传承。为进一步夯实新时代中国特色社会主义建设的思想道德基础，我们要把弘扬中华民族传统美德提上重要议事日程，为实现中华民族伟大复兴的中国梦提供强大精神力量和有力道德支撑。

（三）中华优秀传统道德文化具有鲜明的时代价值

具有稳定性、连续性、实践性和民族性等特征的优秀传统道德文化是中华优秀传统文化的重要组成部分。继承和弘扬中华优秀传统道德文化，在践行社会主义核心价值观、增强民族文化自觉和文化自信、提升国家文化软实力及实现中华民族伟大复兴中国梦等方面，具有十分重要的现实意义。我们提倡和弘扬社会主义核心价值观，需要从中华优秀传统文化中汲取丰富营养，提升其生命力和影响力。中华优秀传统文化是中华民族的突出优势，是我国深厚的文化软实力，而社会主义核心价值观则是文化软实力建设的重点。要提升国家文化软实力，充分展示中华文化的独特魅力，就要认真汲取中华优秀传统文化的思想精华和道德精髓，大力弘扬以爱国主义为核心的民族精神和以改革创新为核心的时代精神，深入挖掘和阐发中华优秀传统文化讲仁爱、重民本、守诚信、崇正义、尚和合、求大同的时代价值，使中华优秀传统文化成为涵养社会主义核心价值观的重要源泉。

（四）以科学的态度挖掘传统德育文化的思想政治教育资源

大学生思想政治教育要坚持历史唯物主义和辩证唯物主义世界观和方法论，对传统文化中的德育资源"要本着择其善者而从之、其不善者而去之的科学态度"[1]"对有益的东西、好的东西予以继承和发扬，对负面的、不好的东西加以抵御和克服，取其精华，去其糟粕，而不能采取全盘接受或者全盘抛弃的绝对主义态度"[2]。要坚持一切从实际出发，利用中华优秀传统文化中的德育资源推进新时代大学生思想政治教育。这一方面要求认真汲取中华优秀传统文化的思想精华和道德精髓，"讲清楚中华优秀传统文化的历史渊源、发展脉络、基本走向，讲清楚中华文化的独特创造、价

---

[1]习近平.牢记历史经验历史教训历史警示为国家治理能力现代化提供有益借鉴 [N].人民日报.2014-10-14（001）.
[2]习近平.论党的宣传思想工作[M].北京：中央文献出版社,2020:89.

值理念、鲜明特色，增强文化自信和价值观自信"；①另一方面，要坚持以古鉴今和古为今用的原则，继承和弘扬我们民族形成的积极向上向善的思想文化，使之为培育和践行社会主义核心价值观服务。

第二节　中华优秀传统文化与高校思想政治教育的关系

思想政治教育作为晚于广义文化而出现的文化子系统，本质上是基于对传统文化反思、甄别、借鉴而形成的价值观教育，涉及人们的理想、信念和信仰的确立或改变；作为社会共同体得以存续和文化传承的重要渠道，对凝聚社会共识、引导主流观念、抵制错误思潮具有重要作用，它在当代的核心问题是如何在马克思主义的指导下实现传统性与时代性的统一。从根本上讲，这种统一有着内在的逻辑基础，毕竟它们两者作为"思想"的上层建筑或"观念"的上层建筑，都是由物质生产关系所决定的，二者存在诸多相关性。这些内在的联系为思想政治教育借鉴传统文化提供了历史的基础和现实的可能。

一、高校思想政治教育与文化的关联性

高校思想政治教育与文化有着内在的联系。高校思想政治教育来源于文化，并且把多种文化题裁作为介质。高校思想政治教育与文化具有实践性、开放性、共时性等共同的特征，但是，高校思想政治教育与文化在发展过程中各有自己的运转模式和方向，不能将二者变成同样的运作方式。也有学者提出，高校思想政治教育是文化建设的重要保障和有效动力，文化建设是高校思想政治教育的重要载体和有效途径，这些观点在高校思想政治教育研究论文中屡见不鲜。高校的思想政治教育具有明显的文化特征，深受文化影响，能够体现核心价值观，是文化的重要组成部分。高校思想政治教育与文化发展的对象都是"人"，都是为了提高人的素质，实现人的全面发展。高校思想政治教育与文化发展的目标具有一致性，都是为了

① 习近平. 习近平谈治国理政 第一卷[M]. 北京：外文出版社，2014：164.

提高人的思想文化素质，培养健康人格，促进人的全面发展。高校思想政治教育离不开社会文化环境，无法游离于文化发展之外，同时，高校思想政治教育的健康发展，也为文化发展注入了时代精神的内涵。这两者是相辅相成的。高校思想政治教育与文化在内容上具有内在关联，二者的关系主要体现在两个方面。一方面，思想政治教育是高校文化建设的主要内容，可以为高校文化建设提供理论指导，引导高校文化健康发展。另一方面，高校文化中也包括着世界观、人生观、价值观等。思想政治教育本质上是用文化来教育、指导人的过程，也是文化价值的批判与继承、创新与发展的过程。在某种程度上，高校思想政治教育以现实文化为基础，超越和还原现实文化，而文化本身又包含着高校思想政治教育的内容。

高校思想政治教育与中华优秀传统文化有许多相似之处，决定了二者内在的紧密联系。高校思想政治教育可以帮助中华优秀传统文化历久弥新，在现代社会中生存下来；中华优秀传统文化能够为高校思想政治教育提供丰富的教学内容与素材，以及正确的思想指导，有利于高校思想政治教育的高质量发展。因此，二者内容相长，互相渗透；职能相容，互相促进；方式互补，互相借鉴；系统一体，互相融通。

二、中华优秀传统文化是高校思想政治教育的文化载体

促进高校思想政治教育的快速发展、质量提升，就需要进入中华优秀传统文化的深处，实现对中华优秀传统文化的深刻融合。中华优秀传统文化具有塑造人、培养人的功能，是高校思想政治教育不可或缺的重要内容。

（一）中华优秀传统文化体现高校思想政治教育的功能性

文化本身具有教育功能，是由文化的意义所界定的。文化的概念是人类创造的，也在塑造后代的个性与品质等方面发挥了作用，可以理解为人类接受文化的教导。中华优秀传统文化也是如此，孔子的思想便是对古代文化和教育作用的总结，自此重视文化和教育的传统已经确立。源远流长的传统文化背景与思想政治教育相互关联，民族文化传统的普及性也会制约现代思想政治教育体系的发展。当代大学生是中华优秀传统文化的继承

人，其在多年的学习过程中已接受了大部分优秀的传统文化，其行为方式也受到传统文化的影响。对待中华传统文化，应采取科学辩证的态度。中华传统文化是中华民族几千年的历史积淀，难免会带有历史的烙印，具有一定的时代局限性。高校思想政治教育的发展应立足中华优秀传统文化，学习、理解和珍视中华文化遗产，让它成为社会主义精神文化的重要组成部分和社会进步的源泉。

（二）中华优秀传统文化是高校思想政治教育的创新源泉

中华优秀传统文化在发展过程中沉淀形成了一套非常完整的社会思想道德规范体系，其本身包容会通的特点又使得其不断凝练、整合、更新，其所表现出的道德规范、思维方式和价值体系不但具有很强的历史性和遗传性，同时还具有鲜明的变异性和现实性，是高校思想政治教育很好的参考和创新源泉。在高校思想政治教育的内容建构上，我们可以古为今用、推陈出新，汲取中华优秀传统文化丰富的文化内涵、文化品位和文化精神，创新性培养大学生的社会主义核心价值观；在高校思想政治教育体系建设上，可以借鉴中华优秀传统文化的价值规范体系，建设具有中国特色的高校思想政治教育体系；在高校思想政治教育方法论上，可以借鉴中华优秀传统文化中的知行合一、经世致用、刚柔兼济等思维方法去处理思想政治教育中出现的新问题、新情况，创新思想政治教育工作方法，充分发挥现有优势，实现创新性的转变。

三、中华优秀传统文化与高校思想政治教育的相通之处

（一）在教育对象上，都注重人格塑造

中华优秀传统文化的"化"和思想政治教育的"教"在价值目标上是一致的，即通过有意识的教育，培养符合一定时代要求的理想人格主体。在中华优秀传统文化中，理想的人格主体是具有君子人格的人。"对于君子人格的设计蓝图，历代中国人接受最广、吸收其他人格模式优点最多、在中华文化广袤沃土中扎根最深、与中华文化思想精华和道德精髓重叠面

最大。"①君子人格之所以异于别的人格，在于君子"以仁存心，以礼存心"。这样的人能够"坦荡荡""贫穷而志广，富贵而体恭"，能够"好人之好，而忘己之好"，能够"尊德行而道问学，致广大而尽精微，极高明而道中庸"，能够"穷则独善其身，达则兼济天下"。这种君子人格基于中国文化传统和历史社会现实而形成，具有实现的可能性，在今天也同样被社会所需要。它是人的现代化在道德上的体现。培养健全的大学生人格是高校思想政治教育的重要目标。当代健全的大学生人格应包括正确的政治视野、正确的道德观念、健康的心理和强大的能力。大学生必须遵循社会主义理想信念，提高政治觉悟，培养自身良好的道德文化，养成良好的心理素质，以适应社会的快速发展。

（二）在教育方法上，都强调以文化人

随着时代的发展，人们逐渐意识到用纯政治的形式来看待高校思想政治教育，或者把高校思想政治教育等同于"政治教育""政治思想教育"不但无助于高校思想政治教育任务的完成，而且会有损高校思想政治教育本身及其工作者的声誉。因为高校思想政治教育并不是板起面孔的生硬说教，而应该是内涵丰富的文化滋养。当前，学界普遍认识到，高校思想政治教育应更多地回归文化性，用文化的方式来渗透人们的思想才容易被理解和遵守。文化的方法，主要包括内外两个方面，内在的是"悟"，即"见贤思齐焉，见不贤而内自省也"，通过道德理性来自觉自察，实现内在超越；外在的是"化"，通过柔软的方式以文化人、以情动人、以理服人，使受教育者主动认同教育者传递的价值观念。不管是内在的"悟"还是外在的"化"，都需要锲而不舍地"积"，最终实现由少成多、由小变大，由量变达到质变。

---

① 邓云晓，陆志荣.传统文化视阈下大学生思想政治教育创新研究[M].成都：西南交通大学出版社,2020:131.

第三节 马克思主义、社会主义核心价值观与
中华优秀传统文化

一、马克思主义基本原理与中华优秀传统文化结合的四重逻辑

习近平总书记在庆祝中国共产党成立100周年大会上强调："坚持把马克思主义基本原理同中国具体实际相结合、同中华优秀传统文化相结合。"[①]这一重要论述，科学地揭示出马克思主义中国化"两个结合"的实质内涵，充分彰显了马克思主义基本原理同中华优秀传统文化相结合的重要地位。我们要深刻理解蕴含于其中的内在逻辑，更好地运用马克思主义观察时代、把握时代、引领时代。

（一）理论逻辑：文化体系的相互融通

马克思主义基本原理与中华优秀传统文化在认知观点上具有相通性、内在精神上具有一致性，这为二者相互融通提供了重要的学理基础。比如，大道之行、天下为公、大同社会的思想与共产主义理想；废私立公、贫富有度、与天下同利的思想与消灭私有制、实现共同富裕的主张；以民为本、以政裕民、安民富民的思想与马克思主义的群众观；万物自生、不信神、重视人事的思想与马克思主义的无神论；以道制欲、不为物使、俭约自守的思想与马克思主义的消费观；克己奉公、集思广益、群策群力的思想与马克思主义的集体主义思想；知行合一、以行为本、知易行难的思想与马克思主义的认识论；道立于两、阴阳共生、物极必反的思想与马克思主义的辩证法之间；等等。这些都有着天然的契合和相通之处。马克思主义基本原理与中华优秀传统文化在根本上具有内在统一性，从学理上看，两者具备"相结合"后实现马克思主义中国化的良好基础。这种相融相通为马克思主义在中国的传播与发展、为中国人民接受和选择马克思主义提供了重要思想文化基础。

[①]习近平.为实现党的二十大确定的目标任务而团结奋斗[N].人民日报,2022-10-31（001）.

（二）历史逻辑：百年党史的经验启示

中国共产党人带领中国人民不断走向胜利的百年历程，正是把马克思主义基本原理同中国具体实际相结合、同中华优秀传统文化相结合，并不断深化的历程。在这一历程中，中国共产党人深切地感悟到马克思主义与中华优秀传统文化必须相结合，二者都不能丢。丢了马克思主义，就会失去灵魂、迷失方向，就会走"改旗易帜"的邪路；抛弃中华优秀传统文化，就会丢掉根本，就等于割断了自己的精神命脉。正因为如此，中国共产党人在理论和实践上进行了长期的艰辛探索，提出了一系列科学论断，积累了一系列认识成果。比如，毛泽东同志将班固《汉书》中"修学好古，实事求是"进行创造性转化，赋予"实事求是"以新的内涵，用以揭示辩证唯物主义的精神实质；《实践论》《矛盾论》等著作汲取中国古代认识论和辩证法思想，成为马克思主义哲学与中国革命实践有机结合的典范。中国特色社会主义进入新时代以来，习近平总书记高度重视并身体力行，深入推进马克思主义基本原理同中华优秀传统文化相结合。比如，他用中华优秀传统文化中的"大道之行也，天下为公""德不孤，必有邻"等，深入阐释社会主义核心价值观；用"单则易折，众则难摧""和羹之美，在于合异"等，倡导弘扬人类命运共同体理念；用"去民之患，如除腹心之疾""政者，正也"等，论证说明全面从严治党的任务要求。习近平总书记大量引用中华优秀传统文化经典用语，以说明问题和指引路径，使马克思主义中国化最新成果呈现出愈加鲜明的民族特色和中国风格。

（三）时代逻辑：复兴伟业的强大动力

当前，世界百年未有之大变局加速演进，中华民族伟大复兴正处于关键时期。一个民族要实现复兴，既需要强大的物质力量，也需要强大的精神力量，更需要科学的理论指引。在推进马克思主义中国化的过程中，中国共产党自觉地把马克思主义基本原理与中华优秀传统文化相结合，形成了具有中国风格、中国精神、中国气派和中国话语的马克思主义中国化理论成果，用马克思主义的真理力量激活了中华优秀传统文化的精神力量，为实现中华民族伟大复兴提供了思想指引和精神动力。新征程上，要统筹中华民族伟大复兴战略全局和世界百年未有之大变局，应对国内外各种风险挑战，着力破解时代课题，更好地满足人民对美好生活的新期待，就必须使马克思主义基本原理同中华优秀传统文化相结合的进程与中华民族伟大复兴的历史进程同向共进、同频共振，推动马克思主义中国化的理论创新与实践创造良性互动，用中国化马克思主义最新成果引领复兴伟业。

（四）价值逻辑：共同发展的实现路径

马克思主义是我们立党立国的根本指导思想，是我们党的灵魂和旗帜。中华优秀传统文化是中华民族的"根"和"魂"，是中华民族的文化基因和精神家园。把马克思主义基本原理同中华优秀传统文化相结合，不是一个"吃"掉、"化"掉另一个，也不是二者合而为一，而是朝着相互融合的方向发展。一方面坚持以马克思主义为指导，用马克思主义真理的力量进一步激活中华优秀传统文化生命力，推动中华优秀传统文化创造性转化、创新性发展，使之从远古走进现代并与马克思主义科学世界观方法论会通联结，确保中华优秀传统文化朝着正确方向、沿着正确道路传承弘扬，充分彰显其功能、价值与力量；另一方面坚守中华优秀传统文化根脉，传承中华优秀传统文化基因，使马克思主义深深植根于中华优秀传统文化的沃土中，让马克思主义从中汲取思想滋养、认识启迪与精神补给，丰富和发展中国共产党人的思想理论宝库，继续发展当代中国马克思主义、21世纪马克思主义。

二、弘扬中华优秀传统文化必须坚持以马克思主义为指导

由于当时人们的认识水平、时代条件、社会制度等局限，各个历史时期传承下来的中华优秀传统文化，到如今不可避免地会变得陈旧过时或已成为陈腐、糟粕性的东西。当然也有不少世代传承、跨越时空、跨越国界、富有永恒魅力的思想精华，但这些精华与陈旧过时或已成为糟粕的东西混杂糅合在一起，要求人们仔细地辨别、区分和提取。这就需要有先进、科学的思想理论作指导。没有先进、科学的思想理论指导，人们就会迷失方向，不知所从。

马克思主义是由马克思和恩格斯开创和奠基的科学理论体系，是工人阶级及其政党的正确的世界观和指导思想，它包括三个主要组成部分：马克思主义哲学（即辩证唯物主义和历史唯物主义）、马克思主义政治经济学和马克思主义的科学社会主义，因而成为人们认识世界、改造世界的世界观和方法论。列宁指出："马克思认为他的理论的全部价值在于这个理论'按其本质来说，它是批判的和革命的'。"并在介绍马克思创建马克思主义的艰难历程时说："凡人类社会所创造的一切，他都用批判的态度加以审查，任何一点也没有忽略过去。凡是人类思想所建树的一切，他都重新探讨过，批判过，在工人运动中检验过。"[①] 所以毛泽东同志1938年10月在党的六届六中全会上的报告谈到学习问题时郑重提出："学习我们的历史遗产，用马克思主义的方法给予批判的总结，是我们学习的另一任务。"（第一项任务是"学习马克思、恩格斯、列宁、斯大林的理论……学习他们观察问题和解决问题的立场和方法"。）

用马克思主义的立场和方法去批判继承历史文化遗产，不是一蹴而就之事，需要努力学习，严谨细致，仔细分辨，正确取舍，持之以恒，同时坚持古为今用，推陈出新，结合新的实践和时代要求进行选取或批判改造。这样，我们就一定能够在以马克思主义为指导，批判继承历史文化遗产、弘扬中华优秀传统文化、建设中国特色社会主义新文化的伟大事业中，不断取得新成果，作出有益贡献。

三、社会主义核心价值观与中华优秀传统文化的关系

20世纪90年代之后的中国是"崇高"失落的时代，市场与竞争是公平的，但也是残酷的，传统的温情、友善、互相帮助及道德观、人生观等在市场经济这样的现实环境中必然要发生大的变动。大众往往满足于个体对物质生活的追求，满足于职业生活的成功，满足于个体的自我设计。他们崇尚通过实际行动，在职业生活中达成主观为自己、客观为社会的价值实现。然而，向大众灌输道德教育中最高境界的利他主义，不仅超出了大众当下

---

①中共中央马克思恩格斯列宁斯大林著作编译局.《列宁选集（第4卷）》[M].北京:人民出版社,2012:347.

的认知境界，难以获得大众认同，还会招致大众的嘲弄。并且，对于大众真正需要培育的基本道德境界，各方却没有认真去培养，从而导致了道德的虚无和空泛。①事实上，若抛弃传统价值观、道德观，将会带来极大的危害。

中国作为有着几千年历史的文明古国，积淀了丰厚的优秀文化遗产，既为世界文明历史作出了卓越的贡献，也为我们今天构建社会主义核心价值观提供了充足的血脉和基因。自先秦到现代，中国历朝历代虽然有统有分、有治有乱、有兴有衰，但文化传承始终延续不断，这是世界任何国家绝无仅有的。中华优秀传统文化是社会主义核心价值观的深厚沃土，离开优秀传统文化的滋养，社会主义核心价值观将变成无源之水、无本之木。

（一）国家层面

从国家层面来看，中华文化历来强调"民本"。《尚书·五子之歌》中"民惟邦本，本固邦宁"指的就是百姓是国家的根本和基础，唯有百姓富足安康，国家才能和谐稳定。社会主义核心价值观中所倡导的"富强""民主"要求一切从人民群众的利益出发，关注民生，唯有人民安居乐业，国家才能富强昌盛。由此看来，"富强""民主"是古代中国期望国家富强、民众富足的民本思想在当今时代的升华。中华文化强调"天人合一""和而不同"，倡导人的活动应顺应自然规律，维护人与自然的和谐；强调在人与人、国家与国家的交往中既能保持和平友善关系，又能坚守自己的立场。这种理念要求人们在与人相处时应"求同存异"。这与社会主义制度下强调保持人与人之间自由、民主、平等的关系，在人与自然的相处中营造友好环境，实现人与自然的和谐、可持续发展，在处理国家关系中坚持和平共处、互利共赢，是一脉相承的，这在社会主义核心价值观中有所反映，是"文明""和谐"思想的体现。

（二）社会层面

从社会层面来看，中华民族传统文化是有其自由精神的：儒家"入世的自由"主张在承担责任和义务中求得自由，道家"忘世的自由"追求心

---

①张洪高.从仁爱到正义：中国道德教育核心价值转变研究[M].济南：山东人民出版社，2011：36.

灵的自由，佛家"出世的自由"强调通过自度和普度达到个体和群体的自由。中国几千年的君主制，虽然君权高于一切，等级森严，但古人对平等的价值追求绵延不绝，孔子主张的"仁者爱人""有教无类"，墨子主张的"兼相爱，交相利"，法家主张的"卿相臣民违法同罪"，北宋末年农民起义军提出的"均贫富"，太平天国《天朝田亩制度》中的"有田同耕、有饭同食、有衣同穿、有钱同使"，无不体现出平等意识。在封建社会，公正与法治虽然是为封建统治阶级服务的，不能得到真正的实现，但公正与法治思想闪耀在诸多先贤的言论里。《论语·子路》讲道："其身正，不令而行；其身不正，虽令不从。"《礼记·大学》讲道："心正而后身修，身修而后家齐，家齐而后国治，国治而后平天下。"《慎子·逸文》："治国无其法则乱，守法而不变则衰。"《韩非子·饰邪》："明法制，去私恩。夫令必行，禁必止，人主之公义也；"古代朝堂和衙门高悬的"正大光明""公正廉明"，作为一种价值原则，成为不少君臣和宦吏的座右铭，涌现出一批为后人称颂的榜样，如包拯、狄仁杰等。这些清官廉吏以他们清正廉洁、刚毅正直、为民作主、惩恶扬善的品格和作为，成为民间称颂的典范，世代相传。

（三）公民层面

从公民层面看，爱国、敬业、诚信、友善，是中华民族的优良传统。其中，爱国情怀与敬业精神彰显着民众对国家、对事业的担当，诚信、友善准则助力构建和谐美好的社会关系，它们共同凝聚成深厚的家国意识，而家国意识恰是中华民族传承几千年的重要精神内核。屈原的"路漫漫其修远兮，吾将上下而求索"，司马迁的"常思奋不顾身，而殉国家之急"，曹植的"捐躯赴国难，视死忽如归"，文天祥的"人生自古谁无死，留取丹心照汗青"，顾炎武的"天下兴亡，匹夫有责"，这些爱国名句世代相传。中华民族历来崇尚敬业精神，孔子及其弟子主张的"敬事而信""敬其事而后其食"，《易经》里的"劳谦君子，有终吉"，都是提倡勤奋、敬业和奉献精神。远古时期，大禹治水十三年间三过家门而不入；战国时期，李冰父子历尽艰险修筑都江堰福泽后世；隋朝时期，李春设计并建造的举世闻名的赵州桥，他们的敬业奉献精神千古颂扬。正是因为中国人民的勤劳、敬业和奉献精神，才有了影响世界历史发展进程的指南针、造纸术、活字印刷术和火药这四大发明，才有了《九章算术》《太初历》《黄帝内经》《齐民要术》《本草纲目》等国学著作的问世，才有了长城、秦皇古道、灵渠、都江堰、大运河等浩大工程的建成。也正是中国人民的勤劳、敬业和奉献精神，谱写了中华民族绵延不绝的灿烂文明。诚信和友善，是中华民族一直崇尚、代代传承的优良品德。"天道酬勤，地道酬善，人道酬诚，商道酬信，业道酬精"短短几个字，高度概括了中国古人对诚信和友善的追求。"礼之用，和为贵""己所不欲，勿施于人""出入相友，守望相助""老吾老以及人之老，幼吾幼以及人之幼""君子喻于义，小人喻于利""言必信，行必果""君子莫大乎与人为善"……这些古代名言蕴含的精华在社会主义核心价值观所倡导的诚信、友善中得到了充分的体现。

第四节　中华优秀传统文化与高校思想政治教育融合是社会发展的必然需求

思想政治教育在我国教育中具有特殊的地位，它不仅传授知识，更重要的是培养大学生的精神和人格，帮助大学生认识"我们是谁、我们从哪里来、我们要到哪里去"这些根本问题，具有文化传承的属性，是构筑民族认同、国家情感的重要平台。在办学过程中，必须要融入社会主义教育理念，高校的主要任务是培养社会主义接班人，培养符合时代需求和国家需求的人才，为中华民族的伟大复兴奠定基础。一个民族区别于其他民族的核心特征，一方面体现在基因血缘等物质层面，另一方面表现出文化传统层面的差异。因而，在实现中华民族伟大复兴的关键时期，我们需要创新采取更多的方式促进中华优秀传统文化的传播，进一步增强民族感情和家国情怀。就高校思想政治教育而言，要将中华优秀传统文化作为重要的一部分，充分发挥其文化传承作用，使广大青年学生既有马克思主义的理论武装，又有中华民族精神的加持，成为新时代进行中国式现代化建设的先锋队和主力军，自觉传承民族文化，助力中华民族自信地屹立于世界民族之林。

一、提升文化涵养是高校思想政治教育的内在需要

自古以来，中华优秀传统文化就具有以文德教化天下的传统，它在历史的长河中是滋养中华民族精神、传递民族智慧的重要途径。高校思想政治教育工作具有同样的特点和要求，中华优秀传统文化的特点与之契合度高，在人才培养、道德形成、精神传播等方面可以成为高校思想政治教育的重要支撑，也是创新高校思想政治教育方式方法的重要内在要求。

（一）推进高校思想政治教育高质量发展的文化源泉

文化是高校思想政治教育的重要支撑，客观要求高校思想政治教育课程要从文化中汲取营养，借鉴方法，提高课程的鲜活度和吸引力，成为大学生喜闻乐见的教育方式。中华优秀传统文化历史悠久，具有丰富的文化积淀，是中华民族有别于其他民族的根本原因，蕴含中华民族的精神基因。因此，中华优秀传统文化必然是我国思想政治教育的重要资源宝库。在新的时代背景下，高校的思想政治教育需要展现出更鲜明的特征，以提升教学质量和教学效果。从更加具有意义的切入点出发，融入具有创新性的思想内容和教学内容，提升高校教育水平，使其面对未来的变局和发展趋势时能够有的放矢，消除不同文明碰撞对学生的不利影响。在此背景下，中华优秀传统文化的功能与作用更加凸显，与高校思想政治教育融合发展的要求更加迫切，应继续探索二者结合的有效路径和发展方向，进一步提高高校思想政治教育的有效性和针对性。习近平总书记在 2019 年 3 月 18 日召开的思想政治理论课教师座谈会上指出："中华民族几千年来形成了博大精深的优秀传统文化，我们党带领人民在革命、建设、改革过程中锻造的革命文化和社会主义先进文化，为思政课建设提供了深厚力量。"

中华优秀传统文化可以转化为高校思想政治教育的重要教学资源。中华优秀传统文化素有学以致用、恤民济世的传统，于价值追求、哲学思辨、道德准则、授业之法、修身要义等方面具有贯通古今的价值。历经五千多年的沉淀，中华优秀传统文化在哲学、文学、建筑、经济、医药等领域积

累了宝贵财富，培养了数不胜数的民族脊梁，催生了流传千古的英雄事迹，这些都可以成为高校思想政治教育取之不尽、用之不竭的教学资源。在我国的思想政治教育中，要勇于创新，采取多种灵活方式，充分运用并发挥中华优秀传统文化的价值，切实发挥培根铸魂、化人育人的效能，提高思想政治教育的有效性。

与此同时，中华优秀传统文化的发展，需要从本质的角度出发，深度挖掘其内涵。在当今信息化时代，随着网络技术的快速进步，信息传播速度大幅提升，各类思想在网络上快速传播，其中不乏落后愚昧的思想。大学生在一定程度上还缺乏成熟的辨别力，容易被不良思潮所冲击或蛊惑，进而迷失成长方向，这一现象值得引起高度关注。因此，在信息化时代，高校思想政治教育尤其要高度重视引导大学生树立正确的价值观。党的十八大对社会主义核心价值体系进行深入阐释，将其中的内涵总结为社会主义核心价值观，这是社会主义价值理念的主要体现形式。习近平总书记指出："我们提出的社会主义核心价值观，把涉及国家、社会、公民的价值要求融为一体，既体现了社会主义本质要求，继承了中华优秀传统文化，也吸收了世界文明有益成果，体现了时代精神。"①

可以肯定的是，社会主义核心价值观是能够体现当下时代需求和时代发展战略的重要理念，也是指引中华民族发展的主要依据，同时它也蕴含着中华优秀传统文化的价值追求，继承并发扬了诸如"致良知""为生民立命""天下兴亡，匹夫有责"等理念精髓，是中华民族的重要精神支撑，能够起到凝聚人心的效果。因此，在对青年大学生进行引领的过程中，需要融入更多与社会主义核心价值观相符合的内容，而这也是高校思想政治教育的关键环节。事实证明，要帮助大学生树立正确的价值观，要加强宣传、灌输，更要加强对课程的设计，以生动活泼的方式在课堂上对大学生进行言传身教，提高大学生对中华优秀传统文化的知识储备、精神认同和实践收获，帮助他们认真思考人生的价值和意义，进而不断加强个人道德修养、人文修养。总而言之，充分发挥中华优秀传统文化润泽品德、教化人心的作用，有利于提升高校思想政治教育的实际效果与教学质量。

①习近平. 青年要自觉践行社会主义核心价值观 在北京大学师生座谈会上的讲话[M].北京：人民出版社，2014:5.

此外，通过融入中华优秀传统文化的方式，可以强化文化的内在价值和内在属性，通过不断沉淀和不断完善的方式，促进文化的发展和进步。在中国古代的思想文化中，君子人格是历代读书人的毕生追求，由此产生了丰富的教学方法和先进的教学理念。例如，中国教育先驱者孔子就提倡有教无类、因材施教、重视实践的理念，认为只要通过行之有效的学习，人人都可以成为君子。孟子也有类似的表述。由此可见，早在两千多年前，人们就已经针对教学方法进行了深度探索。实践证明，这些教育方法及教育理念具有穿越历史时空的价值，在现代教育中依然值得遵循。当代大学生的思想认知呈现出明显的变化趋势，这种变化既来自社会环境的创新，也来自时代的发展，这就要求高校思想政治教育顺应时代与学生的变化进行改进，使其更有针对性。因此，对于中华优秀传统文化中有益的教学理念、教学方法，高校思想政治教育都要加以认真借鉴学习，并进一步创新教育开展方式，提高教育的针对性和有效性。

（二）推进高校思想政治教育高质量发展的内在要求

从历史的眼光来看，在社会变革发展进程中，文化通常处于先导的地位。在当今时代，世界各国的竞争除了经济、军事等硬实力的竞争外，还有精神文化层面的软实力竞争。在全面推进中国式现代化发展的今天，务必高度重视文化在社会主义现代化发展中的引领作用，要从历史的角度，在高校思想政治教育中重新审视中华优秀传统文化的精神，充分发挥中华优秀传统文化在社会主义各项事业中的内在驱动作用，保障我国在文化竞争中处于优势地位。

从宏观层面来讲，高校思想政治教育起到的作用极为关键，能够为社会的稳定以及政治的稳定奠定基础，实现民族情感认同与时代进步发展的统一。这就要求，高校思想政治教育一定要做到对中华优秀传统文化的回归与创新，夯实高校思想政治教育的文化根基，帮助大学生站在本民族立场看待世界发展问题，建立文化自信，抵御错误价值观冲击。中华优秀传统文化可以为高校思想政治教育提供新思路、新路径，助力摆脱过度借鉴西方教育模式的依赖，同时为开展高校思想政治教育提供丰富的文化资源，进而助力中华优秀传统文化的发展与弘扬，达成高校思想政治教育与文化传承的双赢局面。

因此，对文化的继承与创新，是开展高校思想政治教育工作的基础，而文化本身蕴含着提升思想政治教育工作的内生动力。当然，这并不意味着完全排斥西方的教育模式和教育内容，而是要立足中国实际，借鉴国际最佳实践，秉持中华民族立场，采取最佳的教育模式，传递符合中国特色社会主义发展要求的精神价值、文化传统与道德品质，培养新一代青年的民族精神、世界视野以及创新品质。

实现民族认同、文化自信，就必须加强对中华优秀传统文化的继承和发扬，从中提炼中国的文化特色、精神特质、价值取向，为新时代的大学生打上中国烙印。形式主义是高校思想政治教育的大敌，在实际教学中要坚决予以避免，要采取充满生动性、趣味性的方式，激发学生本身的学习热情，催生其自主学习的内生动力，使广大学生真正学有所得。高校思想政治教育的核心内容是立德树人，确保在多元化的思想、价值、理念碰撞交锋的时代，能够让大学生得到中华优秀传统文化的浸润，增强正气和底气。同时，高校思想政治教育要在新的时代背景下，为更多青年群体注入正确积极的思想，使其能够更好地承担起实现中华民族伟大复兴的光荣使命。

（三）推进高校思想政治教育高质量发展能够有效应对文化挑战

现在正值百年未有之大变局，国际竞争愈发激烈，面对这样的世界大势，中共中央审时度势，提出将马克思主义与中华优秀传统文化相结合。这不仅为党和国家应对时代挑战、把握发展机遇夯实了理论基础，更为推进高校思想政治教育与中华优秀传统文化相结合提供了理论遵循。回顾历史、环顾当下，人类若要在 21 世纪生存，就必须汲取中华优秀传统文化的营养。而中华优秀传统文化历经数千年岁月洗礼依然熠熠生辉，其本身所具有的超越时空局限的特性，其中蕴含的精华成为人类文明的宝贵财富。因此，高校的思想政治教育必须将中华优秀传统文化作为重要源泉，从中汲取智慧与经验，从容应对现代发展所面临的问题，以保证我国在各国文化竞争中立于不败之地。从这个角度而言，将中华优秀传统文化融入高校思想政治教育进程之中，不仅有利于帮助青年学生深切领悟民族文化精髓，坚定文化自信，还有助于构筑起坚固的文化防线，切实维护国家文化安全，持续强化青年一代对国家的认同感与归属感。

第一，思想文化贵在一脉相承。对于一个国家而言，古代文化到现代文化都是经过不断传承的，如果摒弃古代文化，那么，现代文化也必然成为无源之水，这对于文化的后续传承非常不利。在中华优秀传统文化传承的过程中，需要关注历史文化的重要意义。由此可见，新的时代背景和新的文化内容，需要与古代的文化精髓相结合，以此树立文化信念，增强文化自信，必须建设繁荣兴盛的中国特色社会主义文化，且各项工作只能在这个基础上渐次展开。高校思想政治教育需要不断抵御外来文化的侵蚀，提升自身文化体系的稳定性，将思想和文化相结合，坚守本心，坚定立场，找到正确的发展方向和发展理念，坚持用优秀的中华传统文化来培养青年学生的思想与精神。

第二，面对外来文化的冲击与威胁，如何维护国家文化安全，直接影响到经济社会的发展、政治稳定及国家整体安全。这要求高校思想政治教育相关内容要深深根植于国家民族的文化土壤，更要创新方式方法，充分发挥中华优秀传统文化的"压舱石"作用，抵御外来文化干扰。中华文化在漫长的传承进程中，形成了很多优秀的文化，很多具有哲学思想的理论和文学内容都给中华文化的传承和发展注入了强大的动力。对于这些文化内在价值的挖掘，可以与教学相结合，从而保障中华优秀传统文化的继承与发展，彰显中华文化的独特优势，增强高校思想政治教育的吸引力和感召力。同时，可以有效对冲外来文化的负面影响，使青年学生树立正确的人生观、世界观、价值观，并进一步将中华优秀传统文化发扬光大。总而言之，高校思想政治教育与中华优秀传统文化相辅相成，共同发展，是时代发展的必然要求。

二、促进文化传承是高校思想政治教育的艰巨任务

中华文化历经数千年的发展，积淀了极为丰富的内涵和形式。中国人民在长期接触学习、领悟本民族文化精髓的过程中，逐渐形成了强烈的民族文化认同感和文化自信，换言之，中国人民的文化自信源自对中华文化

的长期浸润与沉淀。从历史演进看，民众在传承文化时，不断通过自我认知和自我剖析，持续丰富着中华文化体系。从未来发展的角度来看，中华文明的传承和发展，迎来了一个新的划时代阶段。因此，对待中华优秀传统文化，我们需要以更加自信、主动的态度去传承与弘扬。高校思想政治教育不仅承载着向青年学子传承中华优秀传统文化的重任，更是适应时代需求、创新教育路径，进而实现自我发展的必然要求。

（一）守正创新，传承文明

随着马克思主义的传播以及我国社会主义事业取得伟大成就，从历史唯物主义和唯物辩证法的角度反过来评估审视中华优秀传统文化，便能发现其中蕴含的民族精神、民族气魄与民族智慧具有穿越时空的永恒价值，值得重新发掘与弘扬，是中华民族独特魅力的重要彰显。因此，当代的诸多学者孜孜以求，不断研究中华优秀传统文化，取得了一系列喜人的成果。这一情形也同样出现在高校思想政治教育领域，高校思想政治教育专家普遍认可了中华优秀传统文化的重要作用，开始自觉将中华优秀传统文化作为有关课程的重要内容，自觉承担起中华优秀传统文化的传承工作。事实上，思想政治教育工作在历史上一直延续不断，它是一种民族精神、民族智慧传递的过程，且都是以国家作为最后保障支持的，因而与本国的文化是密切相关的。也正因如此，我国的高校思想政治教育必然承担起文明传承的重任，积极培养大学生加强中华优秀传统文化修养，使其成为文化的继承者和传播者。

习近平总书记强调："宣传阐释中国特色，要讲清楚每个国家和民族的历史传统、文化积淀、基本国情不同，其发展道路必然有着自己的特色；讲清楚中华文化积淀着中华民族最深沉的精神追求，是中华民族生生不息、发展壮大的丰厚滋养；讲清楚中华优秀传统文化是中华民族的突出优势，是我们最深厚的文化软实力；讲清楚中国特色社会主义植根于中华文化沃土、反映中国人民意愿、适应中国和时代发展进步要求，有着深厚历史渊源和广泛现实基础。"[①]习近平总书记的论述深刻阐释了中华优秀传统文化

---

① 习近平. 习近平谈治国理政[M]. 北京：外文出版社，2014:155.

的重要价值以及高校思想政治教育工作应当努力的方向，明确了中国特色社会主义道路与中华优秀传统文化之间的关系。高校思想政治教育工作必须严格落实习近平总书记的重要讲话，自觉站在新的历史方位，深刻理解中华优秀传统文化的诸多价值，保证中华优秀传统文化延绵不绝，成为民主精神与民族智慧传承的重要纽带，并实现思想政治教育立德树人的根本目标。从目前的实践来看，尽管各高校对中华优秀传统文化的重视程度已经有了很大提高，但是从客观来讲，在高校思想政治教育中如何科学有效地开展中华优秀传统文化教学工作还有待探索，在教学内容、形式、方法、路径等方面还需要进一步完善，学生的参与度和获得感需要进一步提高，教师的传统文化素养也需要进一步提高。

（二）开拓进取，努力转化中华优秀传统文化成果

高校思想政治教育理应成为中华优秀传统文化传承的重要阵地。然而，目前在高校思政教育场景下，如何更加科学合理地传承中华优秀传统文化仍面临挑战，其中，实现理论和实践的有效衔接至关重要，二者的紧密配合对于优秀传统文化的传承具有重要意义。

习近平总书记强调："传统文化在其形成和发展过程中，不可避免会受到当时人们的认识水平、时代条件、社会制度的局限性的制约和影响，因而也不可避免会存在陈旧过时或已成为糟粕性的东西。这就要求人们在学习、研究、应用传统文化时坚持古为今用、推陈出新，结合新的实践和时代要求进行正确取舍，而不能一股脑儿都拿到今天来照套照用。要坚持古为今用、以古鉴今，坚持有鉴别的对待、有扬弃的继承，而不能搞厚古薄今、以古非今，努力实现传统文化的创造性转化、创新性发展，使之与现实文化相融相通，共同服务以文化人的时代任务。"[①] 因此，在思想政治教育工作中，首先要处理好批判与继承的深刻关系。中华优秀传统文化历经五千年的发展，积累了丰富且复杂的内容，应按照马克思主义基本原理，秉持"取其精华，去其糟粕"的原则，对中华传统文化进行评估与甄别，做好中华优秀传统文化与时代发展要求的结合，创新开展教育工作，并推

---

① 习近平. 习近平谈治国理政 第二卷[M]. 北京：外文出版社，2017:313.

动中华优秀传统文化立足中国时代背景持续创新演进，最终实现民族精神与民族智慧的传承及发展。

高校思想政治教育的文化属性表明，高校思想政治教育本身是历史性的存在，这就要求其必须建立在科学理论基础之上，围绕教育的根本任务，创新运用各种有益的教育资源，并与时俱进，保持强大的生命力和创新能力，不断实现自我超越、自我进化。高校思想政治教育的属性决定了要采取多种方式促进中华优秀传统文化转化创新，成为符合时代趋势和社会主义发展要求的新文化。以知行合一这一中华优秀传统文化的突出特点为例，在当下的时代环境中，马克思主义认识论所强调的实践与认识的辩证统一关系，为知行合一理念注入了新活力、拓展了新内涵，对其发展具有非常重要的价值。高校青年应该立足这一理论实践，进一步提升自身的思想政治境界，用更高的道德标准进行自我要求，坚持知行合一，做好理论与实践相结合，明确学习的目的不仅是解释世界，更为重要的是改造自己、变革世界。坚持从实际的角度出发，从知行合一的角度保障成果，将社会主义核心价值观融入自己的精神世界和实际需求，推动自主传承、自主行动。总之，要在高校思想政治教育工作中，着力从马克思主义与中华优秀传统文化相结合的角度，认真推动中华优秀传统文化在当前阶段的发展创新，实现在当前语境下的成果转化，成为指导大学生认识世界、改造世界的强大精神动力。

第四章 中华优秀传统文化与高校思想政治教育融合的现状分析

第一节 中华优秀传统文化与高校思想政治教育融合发展的机遇和挑战

一、中华优秀传统文化与高校思想政治教育融合发展的机遇

党的十八大以来，以习近平同志为核心的党中央继续统筹推进"五位一体"总体布局，迈入新时代的中国特色社会主义事业取得了历史性成就、发生了历史性变革，铺展了实现中华民族伟大复兴的新画卷，开启了社会主义现代化建设的新纪元。将我国建设成为富强民主的社会主义现代化强国，是开展思想政治教育的最终目标，需要从教育的角度出发，始终以立德树人为目标，保证素质教育的全面性，培养符合社会需求和时代需求的专业型人才，对教育资源进行合理配置，促进社会经济文化的稳定进步。在新的时代背景之下，高校思想政治教育体系需要进一步完善，需要与优秀的中华传统文化深度结合。

（一）高校思想政治教育的战略定位带来的创新发展机遇

党的十八大以来，中国特色社会主义迎来了关键阶段，思想政治教育得到了学术界以及教育界学者的关注，党和国家多次召开工作会议，高度

强调高校思想政治教育在国家当前发展中的深远意义，明确了当今高校思想政治教育要担负起的时代责任，这为高校思想政治教育提供了全新的发展机遇。2021 年，习近平总书记前往清华大学进行考察，在考察的过程中多次重申党和国家对高等教育和人才的迫切需求，习近平总书记强调："广大青年要肩负历史使命，坚定前进信心，立大志、明大德、成大才、担大任，努力成为堪当民族复兴重任的时代新人，让青春在为祖国、为民族、为人民、为人类的不懈奋斗中绽放绚丽之花。"①2020 年，有关调查显示，绝大多数青年对中国特色社会主义道路由衷认同，对实现中华民族伟大复兴充满信心。青年学生要进一步提升对自身的要求，提升自身的综合素养，树立正确的认知观念，不断从中华优秀传统文化、革命文化、社会主义先进文化中汲取养分，特别注重从源远流长的中华文明中获取力量，在社会主义环境下实现全面发展。

（二）构建人类命运共同体和深化国际教育交流带来的比较借鉴机遇

2013 年 3 月，习近平总书记在莫斯科国际关系学院讲演时指出："这个世界，各国相互联系、相互依存的程度空前加深，人类生活在同一个地球村里，生活在历史和现实交汇的同一个时空里，越来越成为你中有我、我中有你的命运共同体。"②人类命运共同体这一蕴含着深厚优秀传统文化底蕴、彰显时代特征的创新思想，一经提出就获得了世界各国的广泛认同。与此同时，我国教育也在与世界各国结成人类命运共同体的过程中形成了更加密切的互动交流，能够加深青年对于民族文化的认同和感悟，通过更加正确的认知来传承中华优秀传统文化，为中华优秀传统文化的弘扬和发展提供相应的环境，加强了中外文化的交流借鉴，有益于引导青年学生从世界历史的高度审视中华民族文明的历史地位与时代价值。

第一，开放的环境给高校思想政治教育带来了提升文化育人实效性的机遇，有利于引导青年学生在当今时代多元的文化交往中坚守中华文化立

---

① 杜沂蒙."青年大学习"：学习习近平总书记考察清华大学时重要讲话精神[N/OL]. 北京青年报，2022-06-21[2025-04-10].https://baijiahao.baidu.com/s?id=1736206137735538529&wfr= spider&for=pc.

② 习近平. 顺应时代前进潮流 促进世界和平发展[N]. 人民日报，2013-03-24(002).

场。党的二十大报告指出："教育、科技、人才是全面建设社会主义现代化国家的基础性、战略性支撑。"[①]教育国际交流是我国教育事业的重要组成部分。近年来，国际形势严峻复杂，巨大风险挑战接踵而至，面对多元化的问题，人类命运共同体为教育国际化提供了理念基础。通过构建人类命运共同体的方式，能够在国际环境中构建一个平等交流的平台，让世界各国广泛参与进来，促进文化的碰撞与交流，产生更多富有价值的新文化，也为广大教师提供了更加丰富的教学元素，使青年学生能够通过更加具体、鲜活的横向比较，深刻、准确地理解民族与国家的历史与发展，科学、客观地认识世界不同民族的文化特色。

第二，人类命运共同体思想彰显了中华优秀传统文化的智慧。习近平总书记洞察世界大势，以深邃的历史眼光和博大的天下情怀，深入思考"建设一个什么样的世界、如何建设这个世界"[②]等关乎人类前途命运的重大课题，提出了构建人类命运共同体的重要理念，这一理念需要有深厚的中国历史文化底蕴作为支撑。这一观念的传播与实践有助于巩固青年一代的文化认同，使其成长为具有命运共同体意识的世界和平守护者。高校有责任在当今世界文明交流、交融、交锋中夯实中华文化的根基与沃土，让青年能够通过互相交流的方式拓宽视野，促进个人发展，确立为人类和平与发展贡献智慧和力量的远大志向。

二、中华优秀传统文化与高校思想政治教育融合发展的挑战

传承中华优秀传统文化是发展中国特色社会主义文化的内在要求和重要使命，是高校思想政治教育的题中之义，也是当代青年学生全面发展的必然需要。就目前的情况来看，世界格局的不确定因素越来越多。国与国之间的交往越来越密切，国家发展不断深入，科技蓬勃发展，社会深层矛盾凸显，人们的社会生活和物质生活都呈现出明显的变动趋势，在这样的环境中，想要充分发挥中华优秀传统文化在思想政治教育领域的积极作用，仍然需要解决很多问题。

---

①习近平.高举中国特色社会主义伟大旗帜　为全面建设社会主义现代化国家而团结奋斗在中国共产党第二十次全国代表大会上的报告[M].北京：人民出版社，2022：33.
②杨洁篪.推动构建人类命运共同体共同建设更加美好的世界[J].求是，2021(1)：24-29.

（一）多种社会思潮对主流意识形态安全与核心价值观构建的威胁

经济全球化发展已成趋势，世界范围内各个国家之间的内在联系必然会更加密切。随着我国市场经济的不断发展，国际社会关系的日趋复杂，人们的思想价值观念也发生了巨大变化。中外文化交流日益频繁深入，多样化的西方文化、价值观涌入国内，相互碰撞，一方面使人们的思维更加活跃，另一方面也形成了多种社会思潮。这些社会思潮往往夹杂着西方意识形态，经过语言和形式上的包装，借助当前极具传播力的网络新媒体等载体广泛传播。多种社会思潮的渗透对我国主导意识形态安全与核心价值观构建既有积极的作用，又有消极的影响。积极、进步的思想内容可以为主流意识形态的与时俱进提供宝贵的时代养分，从而推动主流意识形态的完善，起到维护我国主流意识形态安全的作用。对抗性的错误社会思潮由于其价值观念与我国主流意识形态存在根本对立，会对我国主流意识形态安全造成威胁，例如，反马克思主义思潮会造成人们的思想混乱，淡化和消解人们的政治认同，制造思想领域的复杂局面。错误社会思潮主要通过消解人们对中国特色社会主义的道路认同、理论认同、制度认同、文化认同来威胁我国主流意识形态安全。例如，淡化个人与国家、社会的内在联系和责任、义务关系，消解主导文化与价值观的话语影响力，等等，这对国家主导意识形态、核心价值观构成了严峻的挑战甚至是威胁。青年学生思想活跃，充满好奇心，但思想又尚未成熟，易于被似是而非的思想、观点所迷惑。而社会思潮具有历史性、复杂性、变化性等诸多特性，在此背景下，如何防范复杂多元社会思潮中的错误思想和不良文化对青年学生进行侵蚀和渗透，进而保证青年学生意识形态的稳定性，已然成为当下一项重要工作。

对于高校思想政治教育工作而言，需要始终以中国特色社会主义为主线，坚定贯彻党的方针政策，将马克思主义理论体系与中国特色社会主义充分融合，保证青年学生的思想正确和政治正确；需要主动深入青年学生思想的土地，及时播下科学、正确的价值观种子。与此同时，大学生更应该以正确的态度对待主流意识形态与社会主义核心价值观中的精神文化内涵，从内心深处提升民族认同感和自我责任感。

（二）社会发展中的现实问题对青年一代的价值观的冲击

改革开放以来，与西方资本、技术和经营模式、管理体制共同进入国内的还有西方的经济观念、生活方式、思维模式等。改革开放和社会主义市场经济的深入发展，促使我国社会经济结构和价值体系发生了划时代的变革，在社会变革过程中，人们的价值观念和价值取向发生着巨大的变化。高校大学生作为社会年轻的知识群体，其价值观正处于塑造和定型阶段，具有不稳定性与可塑性的特征。当今社会高速发展，各种思潮涌动、现实问题频出，在此背景下，社会发展中的现实问题对青年一代价值观也不可避免地造成了冲击。例如，市场经济发展对大学生的价值观就可能产生多层面的影响，在市场经济的冲击下，中华优秀传统文化和传统伦理道德中的"义""利"观念变得模糊了，一些大学生受此影响，在价值观确立过程中偏离正轨，步入误区。新形势下大学生价值观出现的困惑，为高校思想政治工作提出了新的要求，认真研究和探索市场经济条件下大学生价值观变化的新特点，适时采取切实可行的教育对策，这是新形势下高校思想政治工作的重要内容。

高校思想政治教育工作者既要保持清醒的政治头脑，又要清晰剖解社会发展中的现实问题，综合新形势下大学生价值观呈现出的新特点，寻找做好大学生思想政治工作的新举措。在对大学生进行引导和教育的过程中，需要以更加端正的态度和更加坚决的方式保证大学生思想的纯洁性和正确性，构建更加完善的价值判断体系。同时，在高校思想政治教育内容中融入优质传统文化，为大学生全方位发展提供相应的保障，也能够为国家和民族的蓬勃发展提供更加充足的动力，可见，推进高校思想政治教育内容的革新和完善，也是后续发展的必经之路。总之，高校思想政治教育工作要多管齐下，做好新环境下的大学生思想政治教育工作，助力大学生树立契合社会主流文化需要的社会主义核心价值观。

（三）新媒体技术对高校思想政治教育工作带来的变革与挑战

随着计算机信息技术的快速发展，社会已经进入了新媒体时代。21世纪是信息技术的时代，各种新兴媒体改变了人们的思维方式、生活方式，社交软件、短视频、直播平台等更是在最大限度上突破了时间、空间、表达形式的限制，互联网技术的发展催生了在线教育、互联网医疗、电商、网络直播等新业态的出现，高度满足了广大人民群众的生活、生产需求。在高校思想政治教育领域，新媒体技术的运用给高校思想政治教育带来了巨大变化，高校思想政治教育水平和教育效果显著提升，与此同时，新媒体时代下高校思想政治教育工作仍然面临着诸多挑战。

网络技术和新媒体是一把双刃剑，而网络信息时代的新变化对大学生产生的影响尤为深远。大学生对于互联网环境以及传播媒介的依赖性比较强，在互联网时代，他们能够通过互联网环境获取信息，对于信息的观点和认知也有一定的独特性。新技术所具有的创新性、开放性、互动性、虚拟性特点正好迎合了他们对学习新鲜事物、获取信息、发表意见的需要，然而，互联网信息的繁杂多元，也使得当前高校思想政治教育工作变得更加困难和复杂。在新媒体的发展背景下，高校可以凭借新媒体的技术手段来进行高校思想政治教育工作的创新。运用新媒体技术能够对学生的整体思想政治情况进行充分的了解，通过大数据技术能够对学生的思想政治工作进行有效指导，通过运用新媒体技术和网络技术，能够对思想政治教育工作进行创新，实现各高校之间思想政治教育资源的共享。

但我们也应注意到，新媒体的参与门槛低、运行成本低廉等特点，也对高校思想政治教育工作带来诸多挑战。首先，教育的权威性逐渐减弱。新媒体时代下学生可以通过网络自主地获取信息并形成自己独到的见解，这使得学生的个体意识明显增强，而高校思想政治教育的权威性有所减弱。其次，高校思想政治教育工作者的压力增加。在新媒体时代，高校思想政治教育工作者需要顺应时代发展的需求更新传统的教育理念，改进传统的教学模式，创新教育方法，提高对学生思想变化的动态把控能力，以满足学生的个性化需求。这就对高校教师的教学能力和专业素养提出了更高的要求，进而使得教师所面临的教学压力大大增加。

总的来看，新媒体的出现客观上拓展了高校思想政治教育的新思路，促使高校思想政治教育工作者发挥主动性，以更加积极的姿态去学习与使用因时代和社会发展促生的新的教育工具，使网络新媒体成为新时代青年人才培养的重要推动力。

第二节　中华优秀传统文化与高校思想政治教育融合存在的问题及原因

一、中华优秀传统文化与高校思想政治教育融合存在的问题

（一）高校思想政治教育中中华优秀传统文化内容脱离大学生生活实际

中华优秀传统文化有效融入大学生思想政治教育需要结合大学生的生活实际，在可感触的实践中提升大学生基本素养。不过，从"融入"过程来看，当前尚且存在一些错误的看法和做法，造成中华优秀传统文化与大学生生活世界的分离，从而使"融入效果"大打折扣。也就是说，中华优秀传统文化还只是大学生思想政治教育过程中的"点缀"，而不能有效融入大学生日常生活过程。

在高校思想政治教育中，需要结合更多优质中华传统文化。一部分高校在将中华优秀传统文化融入思想政治教育工作中后取得了良好的效果，但可以说大多数高校的相关工作仍然缺乏实效。首先，教学工作者对于中华优秀传统文化的理解存在问题，事实上，对中华优秀传统文化的领会与学习不是一蹴而就的，需要教育者自身长期接受熏陶浸染并进行系统学习，从而进一步对大学生进行策略性的教育引导。只有坚持中华优秀传统文化的导向和指引，才能更好地发挥出高校思想政治教育立德树人的作用。其次，大部分高校在中华优秀传统文化教育实施工作中缺乏明确的组织结构与分工，顶层设计规划不足，缺乏配套条件保障。中华优秀传统文化在大学生思想政治教育中发挥育人作用，是一个持之以恒才可以看到效果的过程。所以，明确的组织结构与分工，对于保障教学工作的长远安排、推进教学环境建设、营造教学氛围而言具有重要意义。最后，大部分高校缺乏中华优秀传统文化教育的系统性思维，与高校思想政治教育课程的融入机制不完善，教育教学环节设计松散，缺乏专业指导与专项评价考核制度，在提升大学生的思想道德修养与人文素养方面依旧收效甚微。

（二）教育对象对中华优秀传统文化水平的认知存在偏差

1. 认知匮乏：中华传统美德观念与知识的欠缺

我国的教育长期以来在思想道德教育上的重视程度不够。从家庭和社会的角度来看，许多父母因自身教育环境等因素，本身缺乏良好的德育观念，对孩子的传统美德教育也就会出现不同程度上的欠缺。同时，现在的大多数大学生是在良好的生活环境中长大的，家长的疼爱与物质资源的丰富供给使许多大学生养成了以自我为中心的生活方式。从整个社会环境来看，各种违背中华传统美德的恶劣现象仍然存在，这也引发了大学生对建立在传统美德基础上的美好社会的质疑和困惑。

在社会的各个群体中，大学生是一个非常特殊的群体，他们有着依附与独立并存、个性与归属同存的特点，是高度活跃的群体。大学阶段丰富的校园生活使他们更接近社会，并为他们提供了与多元文化互动的机会。但是由于大学生的思维与心智尚不成熟，容易受到外部因素的影响，对于社会中存在的一些问题和现象，他们看法不够理性，很容易出现从众心理，在看待事物时常常不能了解其本质、洞悉事情的真相。

另外，在向高校学生调查他们对于中华优秀传统文化的看法时，大部分学生表示肯定，认为中华优秀传统文化所起到的作用不容忽视，有助于其更好地迈向社会；约有四分之一的学生消极地认为，中华优秀传统文化对于自身发展没有什么实在好处；还有小部分学生认为，中华优秀传统文化与自身无关。尽管大部分学生在中华优秀传统文化方面是具有认同感的，但可惜的是，仍有将近三分之一的学生，在对中华优秀传统文化的认识方面有所欠缺。以高校学生为观察对象，在中华优秀传统文化方面，这种认知和热情的不足还表现在对中国传统节日知识的了解程度上，以及传统文化书籍的阅读情况上。

改革开放以来，社会生产力飞速增长，然而在这一过程中，受多种因素影响，社会上出现了实用主义和功利主义抬头的现象。在一些大学生看来，相较于一些应用性强的知识（如计算机、外语等），传统文化一般难以直接创造经济价值，以至于他们觉得传统文化的存在感不大。当下，大学毕业生的计算机、外语、数学等业务基础理论和能力并不差，但他们当中有一部分人的社会责任感和工作责任感却不够。

2. 理解偏差：对待传统文化态度偏颇

春秋战国时期是百家争鸣的历史时期，人们常用德国哲学家雅斯贝尔斯的"轴心时代"理论予以描述。然而，这一论述没有考虑到中国文化在诸子百家之前的长期发展，也没有考虑到大多中国思想家对古代君主怀有敬畏之心的因素。事实上，学术研究和考古资料再次证实，自尧舜以来，中华文明经历了一个漫长的发展过程，具有较高的发展水平。百家争鸣是对中国古代哲学家历史文化的继承、总结和反思，他们的思想有着广阔的历史文化背景作为依托。然而，目前大学生对中国古代文明发展程度认识不足，对中华文明的漫长积累没有清醒的认识，也就难以理解传统思想的高度和深度，容易丧失文化自信。

在部分学生看来，传统文化都是过时的东西，是没落时代的落后思想，不具有时代适应性。然而，这种思想无疑是极其片面且错误的。之所以产生这种问题，一方面，和大学生自身的态度、认知有关，而这又与我国优秀传统文化的坎坷命运有着千丝万缕的联系；另一方面，也和某些高校优秀传统文化教育不到位、不及时有一定关联，需要引起广大教育者的重视和反思。

3. 实战滞后：文化断层现象严重

中华优秀传统文化资源的断层致使文化力量式微。文化的发展并非一蹴而就的，需要长期的传承。我国优秀传统文化传承至今，已经出现过许多次文化断层的现象，导致文化力量每况愈下。所谓文化断层，是指在漫长的历史过程中，由于政治、经济、制度的变化而产生的文化前后衔接断裂。文化史大致可分为生成期、成长期、稳定期、衰退期。不同文化相互交流时会出现碰撞，轻微的文化碰撞对双方的文化都有益，激烈的冲突对双方的文化都有害，特别激烈的对抗会导致某部分文化断层的现象出现。文化中断现象常源于传承链条的断裂，诸如后人对先辈文化有意无意的忽视，使得优秀文化难以延续。与此同时，人们内心期望秉持的文化准则、价值观，与现实社会中实际流行的文化表现之间存在差异，这也在一定程度上反映出文化发展过程中的矛盾。文化系统中某种或某些传统文化特质传播中断的处所。它是现代文化观念与优秀传统文化观念剧烈冲突所导致的文化断裂在空间上的显示或分布，包括：①地域文化断层，即某种优秀传统文化成分断裂在地域上的分布范围。如某些原始婚姻制度在我国绝大部分地区的传播中断，仅保留在某些少数民族居住的偏僻地区。②年龄文化断层，即某种文化断裂在一定年龄范围内人群（以青年为主）中的体现，如在大多数青年人中，重视优秀传统的意识已经消失。③群类文化断层，即某一文化断裂出现在一些文化群体中，如传统手工艺传承在工业设计群体中的断层，年轻一代工业设计师很多不再熟悉传统手工技艺流程。上述三种文化断层的区分是相对的，在实际的文化断层中，经常可以看到这些断层的重叠。

文化断层现象是大多数国家普遍遇到的问题，任何一个古老的民族都遇到过文化断层。历史文化越悠久的国家，文化断层问题就越突出。自古以来，文化的发展就是一个既延续又中断的过程。文化断层也是文化史的一部分，文化历史的发展必然有一定的规律，因此，文化断层的发展也有一定的规律可循。一般而言，越古老的文化，其断层强度和密度就越大，而现代文化在部分领域得益于技术与理念革新，断层强度和密度则小了许多，但在全球化、多元化思潮冲击下，仍存在不可忽视的断层现象。

中华优秀传统文化教育是一项长期而复杂的工程，需要我们从历史和现实的角度来看待问题，探究中华优秀传统文化的历史价值与现实意义。然而，由于文化教育的间隔和断层，当代大学生对中华优秀传统文化缺乏整体的认知和长期的认识，表现为对中华优秀传统文化的与时俱进和与实际相比较的意识不足，文化认识滞后，文化建设和创新不足。这使得大学生群体与社会主流文化需求之间文化脱节等现象频发。就近两年而言，社会主义核心价值观、中华民族伟大复兴的中国梦等一系列主流意识形态与理念的提出，都能够在我国优秀传统文化库中找到对应的提法和表述。因此，既然中华优秀传统文化是历久弥新、不曾间断的，那么高校大学生对于中华优秀传统文化的认识和态度也应该是历史的、具体的、全面的与创新的。

（三）高校思想政治教育中中华优秀传统文化教育的不足

1. 缺少中华优秀传统文化教育内容

目前我国很多高校思想政治教育中都缺少中华优秀传统文化教育内容，只有少数高校开设了"传统文化概论"等涉及中华优秀传统文化的选修课。

通过对当前我国多所高校的调查可以发现，在大学生思想政治教育方面，教师采用的教材多为教育体系改革中统一颁发的教材。例如在《马克思主义基本原理》这一传统教材中，很少有把我国的发展同优秀的传统文化相结合的案例，也很少强调要在当代大学生思想政治教育中融合中华优秀传统文化，这对加强高校学生思想政治教育和中华优秀传统文化的联系和衔接都是十分不利的。另外，在很多高校针对大学生的思想政治教育过程中，具体要求还不够深入，对学生的思想政治教育提出了比较宽泛的要求，也就是大众化的要求。在某些学生暴露出问题需要做思想工作的时候，也很少有高校把优秀的传统文化融入学生的学习以及生活中的，导致大学生在该领域的发展并没有得到应有的指导。

2. 两者融合的难度较大

高校思想政治理论课是关于马克思主义理论的教育教学，教学内容主要是系统阐述人类社会发展的基本规律和马克思主义中国化的理论成果。尽管中华优秀传统文化思想与马克思主义理论都蕴含着对未来社会的一种理想的构思，但两者的出发点不同，由此建立的理想社会在本质上也不同。

一直以来，高校学生的思想政治教育主要是通过思想政治教育理论课来开展的，而中华优秀传统文化并没有完全纳入思想政治教育的学习范围。高校教育应当在具体的思想政治课程内容中深度融入中华优秀传统文化，中华优秀传统文化可以通过元素的形式嵌入或者形成系统的内容表达，但就目前的高校各专业课程开展来说，融合度不高，思想政治课堂教学中的中华优秀传统文化传播收效甚微。首先，在教学内容设置上，很多高校的思想政治教育没能体现中华优秀传统文化教育的内容，只是把一些中华优秀传统文化内容作为课程导入或衔接教学内容的过渡形式。这样一来，中华优秀传统文化在课程教学中就只见树木不见森林，传统文化形态的真面目就得不到表现，传播工作就难以落地。其次，教师对中华优秀传统文化的理解不到位，使得在教学中对融入的内容理解与把控不到位，找不到合理的融入契合点，造成中华优秀传统文化融入不明确、不准确、不贴切。最后，融入的过程缺乏系统性，各高校所持教材不统一，教师自编讲义的内容编排与知识深度存在质量差异，中华优秀传统文化在教学内容融入中缺乏统一的纲目以及系统的指导。可以说，在目前的高校思想政治教育中，中华优秀传统文化融入这一问题尚未得到高度重视。

二、中华优秀传统文化与高校思想政治教育融合存在问题的原因

（一）高校的中华优秀传统文化环境与建设氛围不足

随着高校扩招以及市场经济的迅猛发展，高校专业设置日益向实用技能倾斜，企业招聘也偏重专业对口与实践能力，各个领域的人才竞争、社会竞争日趋激烈。在此背景下，大学生只有具备出类拔萃的专业技能，才能在激烈的竞争中立足并获得发展，便自然而然地将专业技能学习放在首位。而关于中华优秀传统文化的学习，从可操作性、功利性的角度看，它对学生未来发展的即时性、一眼可见的实际效用不太显著，因此往往不在学生的学业规划范畴中。从学校的角度看，很多高校内部虽然设置了专门的中华优秀传统文化实践课程，但是活动的形式非常表面化，并没有引导学生对中华优秀传统文化进行细致分析，给予专项体验，高校对中华优秀传统文化的学习设置形式大于内容，娱乐大于学习，开展的相关传统文化学习活动要么浅尝辄止、虎头蛇尾，要么让中华优秀传统文化被束之高阁、成为摆设，高校教育并未在中华优秀传统文化传播上发挥出应有的作用，并未营造出可持续发展的中华优秀传统文化宣传教育氛围。具体表现在以下几个方面：

1. 校园文化活动流于形式

大学校园里积极开展传播中华优秀传统文化的活动，然而大多数都是一些枯燥的讲座或者知识竞赛等，这些活动既没有刺激大学生学习中华优秀传统文化的积极性，也没有以多种形式讲解中华优秀传统文化的内容，

导致教授内容缺乏生动性和趣味性，难以激发大学生了解中华优秀传统文化的欲望。一些学校有大学生自己组织的学习与弘扬中华优秀传统文化的活动，例如，在校园汉服文化活动中，社团成员身着汉服，为其他学生讲述汉服知识，并演绎一些历史情境。但是社团活动也存在着资金不足、经验缺乏、没有抓住中华优秀传统文化的精髓与重点、形式主义突出等问题。因此，有必要在校园文化环境的建设中加大对中华优秀传统文化的宣传。

2. 忽视隐性教育的作用

校园文化具有文化的一般功能和特点，那就是注重对人的思想、行为、心灵的熏陶、感染和启迪。但现在不少学校在校园文化建设中过分重视物质文化的作用，而忽视学校中传统文化的传承、挖掘，忽视学校人际关系的协调及良好教风、学风、校风的建设，人为地削弱了校园文化所具有的育人功能。在思想政治教育中，显性教育和隐性教育这两种教育形式是最常见的教育手段。前者以课堂为主要教学场所，为学生提供系统的教育，后者以现实生活中的案例、生活环境、社会活动、人际交往等形式作为媒介，让学生在无形中接受教育者的理念与观点。在大学教学中，显性教育的形式多种多样，而隐性教育却容易被忽视。事实上，与前者的传授和强硬式教育相比，后者更能以无形和"微妙"的形式提供教育，通过语言、场景和行为将思想、价值观、概念等内容深深地融入学习者的脑海中，让学生主动接受。在现有的思想政治教育教学中，显性教育是主要教学手段，教材是其主要内容，中华优秀传统文化充当辅助内容融入其中。在课堂教学中，显性教育与中华优秀传统文化这二者的结合可以提高思想政治理论课教学的趣味性。但在二者融合的过程中，部分高校教育工作者还存在无法令隐性教育凸显其作用的问题，使得传统文化的教育功能难以充分展现。

由于传统教育思维的根深蒂固，这种强调"教""疏""育"的教育模式，不仅容易让大学生产生抵触心理，不愿意学习有关思想政治教育课程的内容，长此以往，甚至还会引发大学生做出一些有违道德的事情，这与高校思想政治教育的培养目标背道而驰。为了解决这一问题，高校教师应从学生的角度探索课堂教学内容，以受学生欢迎的新兴媒体为媒介，利用校园活动等隐性教育资源培养大学生的道德品质，使他们在学习知识和理论的同时耳濡目染地提高道德品质，做到德才兼备。

（二）高校相关学科与人才建设有待加强

中华优秀传统文化与思想政治教育的研究方向要求研究者在传统文化和思想政治教育领域均有一定的学术功底，然而目前中华优秀传统文化与思想政治教育的相关研究人员大多学科背景复杂，专业知识结构单一，无法满足上述要求，他们在专业知识结构上有的偏重思想政治教育理论或马克思主义理论，有的偏重中华优秀传统文化方面，在两者的交叉渗透研究领域往往只能泛泛而论，这也影响了他们学术研究成果的质量。近年来，虽然这一研究方向日益受到重视，已有一些高校开展了相关方向的教学与研究工作，并有部分高校对其展开了更加专业和深入的研究，开设了相关方向的硕士与博士研究生教育，但范围还很小，在学界的影响力仍然不够。随着这一研究方向在学界的不断开展，目前已有若干相关的硕士论文和博士论文，并不断有新的研究力量加入，相关专著也在不断问世，但相关的专著数量仍然较少。此外，国家相关部门、教育机构对相关学科的建设以及人才培养的政策支持与经费投入都相对不够，对中华优秀传统文化与思想政治教育研究的课题资助也相对薄弱。

1. 对中华优秀传统文化的发掘力度不够

在全球化获得充分发展的今天，世界各国乃至每个人都不可避免地受到外来文化和多元化思想的影响，因此坚守自身的精神家园就变得越来越重要。自近代以来，西方文化价值观念的涌入给我国文化传播带来了很大程度的影响。在泥沙俱下的西方文化冲击下，大众对中华优秀传统文化的积极影响认识不足，在传统文化传播中对中华优秀传统文化的当代价值的挖掘不足。中华优秀传统文化蕴含着治国理政的具体经验、道德伦理和生存智慧，是我们应大力传承的文化基因。中华优秀传统文化提出的价值理念表达了人类共同的道德基础，其具有不可忽视的现代价值和世界意义。对于当代大学生来说，要用更加全面的态度看待中华优秀传统文化，坚持自己的文化身份，坚持中华优秀传统文化与马克思主义基本原理相结合、与中国特色社会主义的新时代精神价值相融合，合理吸收外来文化的优秀成分，打造出自身独特的文化生命力。

就当前来看，我国多数学校在关于中华优秀传统文化资源发掘方面，存在着"浅尝辄止""重复利用"等问题，即相关资源的发掘主要是从网络渠道中进行检索，缺乏从实践角度出发对中华优秀传统文化资源的系统梳理与探索。这就导致了多数学生群体对现有的中华优秀传统文化氛围感触不深、相关活动参与积极性不足等问题。此外，在高校思想政治教育内容上也存在模板化的问题，即根据相应的模板内容，从中华优秀传统文化内容中进行截取与填充，这就进一步导致了缺乏对中华优秀传统文化的深度发掘与展示，由此影响学生对其的认识，以及对其背后思想政治价值的理解。

2. 教育体制与教育方式存在的问题

从我国的教育体制方面分析，在很长一段时间中所设置的教育导向，主要是以应试、升学、就业等方面作为目标，带有明显的功利性色彩，"缺少对学生综合素质、个性特长的全面评价"[①]，直接导致高校学生的思想道德素质和文化素质教育出现缺失，这些问题产生的不良影响也受到了教育界的关注。为了解决应试教育存在的问题，我国提出了素质教育改革，虽然得到了教育理论界的重视，并且在实践中也逐步取得了一些成效，但还是存在诸多问题，暂时难以取代应试教育的位置。一方面是应试教育影响深远；另一方面，是因为素质教育还处于成长发展阶段，与之相适应的教育目标体系等方面还没有发展完善，当前素质教育在我国各地的发展现状，整体来说还没有取得突破性的进展，也就说明我国在全面推进素质教育时，距离这一目标的实现还存在一定的困难。其产生的原因有以下两种：①素质教育与应试教育难以抉择，导致出现这一教育改革矛盾，这种矛盾可以说是远期利益与近期利益之间的矛盾。②基础教育的导向未变。在我国，现阶段基础教育仍被升学导向所桎梏。这种根深蒂固的导向束缚了教育的

①杜彦武.地方大学数学教育与基础教育互动发展研究[M].长春:吉林出版集团股份有限公司，2019:247.

多元发展，其负面影响悄然延伸至高等教育阶段。迈入高校阶段，局势愈发复杂。随着高校的扩招，学生数量急剧攀升，就业竞争愈发激烈，就业压力骤增，高校与学生为增加就业竞争力，更加注重各种实用技能的培养与学习。与此同时，当今社会生活节奏飞快，功利性学习观念盛行，人们倾向于快速掌握实用知识应对职场，这使得中华优秀传统文化学习不可避免地被边缘化。不少高校对中华优秀传统文化相关课程不断压缩课时、削减资源，学生也无暇顾及中华优秀传统文化学习，长此以往，最终导致培养出来的学生对中华优秀传统文化缺乏系统的认知和理解。

中华优秀传统文化是在历史长河中逐步积淀下来的，它产生、形成于一定的历史和社会环境中，因此在传承过程中需要考虑不同的"时空场域"和"教育方式"。[①] 从教育方式上来看，一些教育者在教学过程中依然扮演着生硬的"中介人"角色，过于注重传统知识的单向灌输与情感说教，只是将中华优秀传统文化的相关内容原封不动地"递"给受教育者。另外，在中华优秀传统文化融入大学生思想政治教育的过程中，倘若只注重"说教"而忽视"探究、启发"，那么这种教育模式便难以调动大学生学习的积极性和主动性，也就不能得到他们的认同和共鸣，从而使其内心产生抵触情绪。更为关键的是，这种"说教式"传递方法难以让大学生受到中华优秀传统文化精神的熏陶和浸润，无法使其真正做到"入心入脑"。正因如此，当前在将中华优秀传统文化融入大学生思想政治教育时才会面临困难，不仅致使中华优秀传统文化本身失去应有的吸引力，也让大学生对其产生了"厌烦"心理。

3. 高校思想政治教育专业教师的优秀传统文化功底亟须提升

中华优秀传统文化与思想政治教育这一研究方向要求高校思想政治教育专业教师必须在中华优秀传统文化和思想政治教育这两个领域均有一定的学术功底，并且具有两种甚至多种学科交叉渗透的综合研究能力。然而我国大部分的高校思想政治教育教师的专业知识结构相对单一，学科的综合交叉渗透研究能力相对薄弱。专业教师是大学开展中华优秀传统文化教育的中坚力量。课堂教学是传播中华优秀传统文化的主阵地，而教师是"传

① 谢丹.传统文化视域下的高校思想政治教育[M].北京:九州出版社,2018:161.

道授业解惑"之人，在中华优秀传统文化的教育教学中占据主导地位。因此，要想将中华优秀传统文化教育进行得有效果，必须加强专业教师队伍建设。目前，我国高校思想政治教育师资队伍的主体是马克思主义理论专业的教师，尤其是从事思想政治理论课教学工作的教师，这些教师大多专门从事马克思主义理论与思想政治教育理论的教学与研究工作，偏重马克思主义理论和思想政治教育理论，自身中华优秀传统文化底蕴不足，在中华优秀传统文化方面学术功底相对薄弱，无法娴熟地运用中国传统文化中优秀的思想政治教育资源并将其有效地传输给学生。

而其中少数中华优秀传统文化功底比较深厚的教师，则主要是专门从事中华优秀传统文化研究的学者与专家，其思想政治教育理论与马克思主义理论学术功底又相对薄弱，在中华优秀传统文化与思想政治教育如何有机融合方面也缺乏相应的综合研究能力。因此，目前我国高校思想政治教育中严重缺乏相关方向的具有较高专业综合素质并能有效地将其传授给学生的教师。这种师资短板，直接导致这一方向的教学与科研任务陷入困境，难以很好地完成，严重制约了高校思想政治教育的实效性与创新性发展。

（三）多元文化的传播带来的影响

1. 全球化对文化的影响

在全球化时代，中华优秀传统文化受到了很大冲击。很多大学生饮食西化、过洋节，但对我国的优秀传统文化知之甚少。面对外来文化的冲击，我们不能带有民族主义情绪，一味盲目地排外，认为没有吸收外来文化的必要性，而是要以客观、包容的态度去看待。我国的传统文化有充分的包容性，正因为此，经过几千年的演变传承仍旧能生生不息。我们要坚持保护好我们的传统文化，并将外来文化中优秀的能量吸收进来，去充实我们的传统文化。面对时代挑战，我们也要将传统文化中糟粕的部分加以祛除，去伪存真，择良传承。面对外来文化，只有用开放的眼光和心态对待，才能让我国优秀传统文化在新的时代中不断创新、不断进步。同时，为了顺应时代发展的需求，中华优秀传统文化也需要紧跟时代步伐，守正创新，不断注入新鲜血液，激发中华优秀传统文化的活力。

2. 外来文化的影响

改革开放以来，由于受到西方文化的冲击，学生偏重于自身"地球人"这一宽泛身份，对自身的民族性，无论是在身份的保持上，还是在中华优秀传统文化的学习方面，均有所忽视，甚至将继承中华优秀传统文化视为守旧过时。这种观念偏差，使得中华优秀传统文化在融入思想政治教育体系的过程中障碍重重，推进愈发艰难。

（四）市场经济高速发展下带来的影响

随着社会主义市场经济的迅猛发展，当代高校学生面临的竞争日益激烈。为了迎接挑战，高校学生往往有选择性地学习，减少甚至根本不学习选修课内容。在高校的选修课堂上，部分学生会选择学习英语或是其他考证资料。高校学生的竞争不仅仅表现在就业上，校内诸如竞选学生会、争取入党等方面同样存在激烈角逐。总而言之，高校学生无论是学习还是日常生活，时间都被安排得满满当当，几乎没有时间进行中华优秀传统文化的研习。即便高校在中华优秀传统文化课程的设置上用尽心思，最终也可能难以达到理想效果。

（五）互联网与传统文化教育软环境的不足

当前我国已进入互联网时代，互联网在推动经济发展的同时，带来了机遇和挑战。很多高校学生喜欢通过互联网来进行学习与交流。然而，互联网作为一种全新的文化传播载体，其本身不具备文化辨别能力，在传播优质文化、为人们提供便利的同时，也隐含着违背社会文明的异质文化，这些不良文化的传播给高校学生带来了不良影响。面对互联网文化的现状，当然不能对其进行全面否定。若能正确借助网络力量，用中华优秀传统文化的内容建设优良网络软环境，推进校园网络净化工程，将会给高校学生传统文化教育注入清泉活水，使之焕发新的活力。

第三节 中华优秀传统文化与高校思想政治教育融合的应用原则

一、方向性原则

高校思想政治教育的首要任务是要将敌对意识形态的影响削弱甚至根除。在经济全球化和文化多元化的条件下，我们应遵循以下两点方向性原则。

（一）坚定自身独特的文化和意识形态

随着改革开放以及世界贸易经济的发展，世界各国之间的经济、政治、文化、技术等多维度联系日趋密切，并在全球范围内逐渐形成了一个相对整体，这在一定程度上刺激了各国之间的竞争，促使各国政府为了使本国在国际竞争中获取更大的利益，开始加强对他国的文化渗透。换言之，他们将本国所具有的意志强加于他国，甚至出现对他国各方面进行控制和管束的现象。因此，高校思想政治教育工作者在对大学生进行中华优秀传统文化教育的同时，应本着保持自身特有文化和意识形态的理念，既不排斥他国的意识形态，更不能动摇我国所固有的文化意识形态。

（二）切实把握住开发和利用各个环节的政治方向

各国间经济、政治、思想、文化等的相互碰撞，在一定程度上为人们的思想带来了更多选择。正处于青春期的大学生，其思想政治观念在此背景下面临着严峻的考验以及巨大的挑战，这关系到大学生的价值取向问题，一个人的价值取向对这个人的一生是十分重要的。各国的文化碰撞，使我国社会价值取向趋于多元化，这就需要大学生明确价值导向的专一性。因此，在开发和利用我国优秀传统文化资源的基础上，还需把握政治方向。要妥善处理中国文化与外来文化之间的关系，秉持开放包容且坚守自身立场的态度，一方面要正确对待我国固有的传统文化，以高度的文化自信传承与弘扬中华优秀传统文化；另一方面要在此基础上对外来文化加以甄别，适当地借鉴和创新。总而言之，我们既要将已有的本国文化牢记于心，树立高度的文化自信，又要善于学习、借鉴其他文化的优秀成果，取其精华，去其糟粕，防止陷入"守旧主义"和"封闭主义"的泥潭。

二、针对性原则

大部分事物都处于持续的变化之中，高校思想政治教育内容也是如此，其必须顺应时代发展的潮流，才能更好地服务大学生。随着时代的飞速发展，当代大学生所接触到的思想观念更为多元和自由，与以往相比有了巨大差异，甚至会出现两种相反或极端的价值观，在这种情况下，以往陈旧的教育模式已无法适应当代教育发展的需要。为此，我们在对大学生进行思想政治教育时要本着针对性原则，从大学生的实际情况出发，针对大学生群体中存在的个体差异加以区别对待，不要搞"一刀切"，将"广泛性"和"先进性"适当结合起来。只有这样，才能充分发挥高校思想政治教育的针对性和时效性。

三、批判继承与创新发展原则

特定的文化形态在一定程度上影响和制约着人类思想政治观点的发展，使丰富的文化背景和文化资源成了高校思想政治教育在构建其自身体系时的主要支撑所在。我国的思想政治教育工作也是如此，这主要是由于我国传统文化本身包含多元且不可忽视的育人内容以及显而易见的思想影响力和道德感化力。这种情况是任何教育工作都无法回避的，所以面对我国现有的思想政治教育，要在致力于发展中华优秀传统文化基础上，充分挖掘中华文化精神宝库中所具有的精华成分并赋予其鲜明的时代特征，为培育社会主义现代化建设所需要的新型人才提供优质的思想资源以及道德启示。

中华优秀传统文化博大精深，对当代大学生的思想政治教育有着深远且巨大的意义。因此，如何让中华优秀传统文化深度融入当代社会，让其在当代焕发生机，以及怎样充分发挥中华优秀传统文化在大学生思想政治教育中的作用，这些都是我们需要考虑的重要问题。中华优秀传统文化在一定程度上影响着大学生的价值观以及人格的塑造。但将中华优秀传统文化知识以强制性教授方式传授给学生的办法并不可取，因为在大学阶段，学生已经形成了自我认知观念，被动接受的知识或是事物会给他们带来排斥心理，同时使他们在情感状态上存在一定的疑虑。所以要想使传统教育效果达到期望值，就需要调动学生的积极性，使之自觉吸收中华优秀传统文化精髓。

第一，以批判性的眼光传承中华优秀传统文化思想、道德精髓。要想更好地学习中华优秀传统文化知识，就需要在其原有思想精华和道德精髓的基础上，注入新的力量。只有在原有事物基础上反复实践，并将其重塑、创新，才能使学生更好地发展下去。

第二，顺应时代的需求，在新的实践中推动中华优秀传统文化的创新。事物都是在不断变化的，也只有在不断变化中才能向前迈进。因此，在大学生传统文化教育方面，也要顺应时代的变化，同时还应在一定程度上满足人们对它的期望，尽可能使中华优秀传统文化基因与当代的文化发展相适应，让学生乐于了解、学习中华优秀传统文化知识，并在一定程度上起到弘扬文化精神的作用。努力做好传统继承与现代转换有机结合的重要工作，用实践进行创新，并在此基础上坚持和发展中华优秀传统文化。

第五章　中华优秀传统文化在高校思想政治教育中的实施路径

第一节　建立高校思想政治与中华优秀传统文化教育相结合的保障机制

《完善中华优秀传统文化教育指导纲要》中指出："各级党委教育工作部门和教育行政部门要把加强对青少年学生中华优秀传统文化教育作为一项战略任务，与宣传、文化、新闻出版、广电等部门以及工会、共青团、妇联等群团组织密切配合，建立健全党委统一领导、党政群齐抓共管、有关部门各负其责、全社会共同参与的工作机制，形成中华优秀传统文化教育合力。完善中华优秀传统文化教育的评价和督导机制，加强中华优秀传统文化教育教学研究，为完善中华优秀传统文化教育提供坚强保证和良好条件。"就目前情况来看，将中华优秀传统文化融入高校思想政治教育还只停留在思想的范畴，而要推进其落地实施，可以依托高校思想政治教育的领导组织体系构建有效的保障机制，这就需要从工作队伍、组织领导、课程设置、各项制度建设等多方面来构建一套高效的保障机制。

一、建立高校思想政治教育工作队伍保障机制

（一）结构合理、专兼配合

高校思想政治教育工作队伍的结构主要包括年龄结构、学历结构、职称结构等。

1. 年龄结构

从年龄结构来看，思想政治教育工作队伍老中青三代年龄结构有三种模式：一是呈正三角模式，即青年人多于中年人，中年人多于老年人，这种结构有利于队伍的传、帮、带，有利于队伍稳定和持续发展，被称为"前进型"结构；二是呈纺锤形模式，两头小，中间大，虽有利于眼前工作的开展，却后继乏人，不利于队伍的发展，被称为"静止型"结构；三是呈倒三角形模式，老年人多于中年人，中年人多于青年人，因老年人太多，难以胜任工作，被称为"衰退型"结构。显然，高校思想政治教育工作队伍应建立"前进型"年龄结构，避免或改造"静止型""衰退型"年龄结构。

2. 学历结构

在学历结构方面，与高校专业教师相比，高校思想政治教育工作队伍学历普遍偏低，目前仍然是博士研究生占较小比例，硕士研究生占一定比例，本科学生占大多数。

3. 职称结构

在职称结构方面，高校思想政治教育工作队伍中低级职称比例大，高级职称占比小，这些状况显然不利于高校思想政治教育工作者全面、高效地开展教育。

大学生思想政治教育工作队伍建设，应尽量将以上三种结构调整到最佳状态。

思想政治教育工作队伍中的党政干部、共青团干部、思想政治理论和哲学社会科学课教师、辅导员和班主任是专职从事思想政治教育的人员。兼职人员的来源主要是高校退休教师、党务管理干部等。聘用兼职人员从事思想政治教育工作，可以有效缓解当前高等教育大众化迅猛发展造成的思想政治教育资源的有限性和需求的迅速扩大之间的矛盾，可以调动更多的人员参与思想政治教育活动，扩大思想政治教育的覆盖面和影响力，为思想政治教育工作队伍注入新鲜血液。当然，专职人员和兼职人员的结构也应该合理，做到专职人员为主、兼职人员为辅，兼职人员与专职人员相互配合、群策群力。

（二）全面增强高校思想政治教育工作者的素质

高校思想政治教育的工作者，无论是专职还是兼职，都必须具有较高的素质，基本的素质应是政治强、业务精、作风正。

1. 政治强

政治强是对思想政治教育工作者的政治要求。思想政治教育工作者必须具有坚定的政治方向，坚定不移地走中国特色社会主义道路，坚决贯彻党的路线方针政策，在事关政治立场的问题上，同党中央保持高度一致，坚决维护党和国家的利益以及高校的稳定。

2. 业务精

业务精是对思想政治教育工作者业务素质的要求。思想政治教育的实践性和应用性都较强，思想政治教育工作者要按照"专业化""职业化"的要求提高自己的业务素质，要具备思想政治教育专业知识以及相关的哲学、社会学、法学、青年学等专业知识，要有从事思想政治教育工作的相关能力，要熟悉这项工作的规律，对于这项工作有着极大的信心，坚信自己能做好这项工作，要有高度的职业道德和修养。如果思想政治教育工作者缺乏正直的品德，那么无论他多么有学识、有才华、有成就，也会造成重大的损失。当前，伴随着知识经济和信息网络的发展，信息化、法治化、多元化、全球化的趋势不断加强，思想政治教育面临着更多的挑战，因此，思想政治教育工作者也要不断学习新的理论和知识，让自己成为思想政治教育的专业人才，这样才能科学引导大学生成长成才。

3. 作风正

作风正是对思想政治教育工作者人格素质的要求，俄国教育家乌申斯基曾指出："教师的人格，就是教育工作的一切。任何规章、任何教育大纲、任何人为的机构，不论设计得如何奥妙，都不能在教育工作中替代人格的作用。"思想政治教育工作者凭借人格魅力可以给学生带来强烈的感染力和示范性，以身作则，促进大学生形成良好的思想政治素质。作风正要求思想政治教育工作者要具备良好的人格魅力，在工作中脚踏实地、公正严明，在生活中谦虚得体、大方有礼，对学生谆谆教导、循循善诱、无私奉献。

总之，思想政治教育工作者必须提高自身素质，做学生的知心朋友、人生导师，用崇高的人格力量感染学生、教育学生。

二、完善课程设置

课程的设置是一个系统工程。高校不仅要处理好人员配备、教学场所等问题，还要处理好中华优秀传统文化相关课程与现有课程、现有课程数量的关系，这就需要高校考虑两方面的内容：教材编制和课程规划。

（一）教材编制

在高校教材中融入思想政治教育的内容，其目的是巩固马克思主义的指导地位，弘扬中华优秀传统文化，使高校教育更好地契合新时代人才培养需求。以往教材的内容和教授方式已经不能完全适应现代社会思想政治教育的需要，因此我们迫切需要尽快修订教材。首先，要深刻理解马克思主义和中华优秀传统文化之间的相同点和不同之处，尤其要精通于阐述二者融合的结晶即新时代中国特色社会主义文化。在教材编写过程中，需要融会贯通，将马克思主义、中华优秀传统文化以及新时代中国特色社会主义文化三者无缝对接并且阐述清楚，在理论研究的基础上，以巧妙的方式将具有教育意义的著名历史典故、伦理道德、人生哲学、处事智慧、修身境界等内容编入教材，结合学生特点，妥善进行谋篇布局，加强可读性及可接受度。其次，还要注重激发师生之间的思想共鸣，促使学生将所学内化于心，提高知识接收效能。最后，在教材的编制方面，高校思想政治教育要与中华优秀传统文化有机融合，不能生搬硬套，需要精密地进行思考和安排，组建合理的思想政治教育体系，利用创新课程模式和实践活动，引导学生学习理论并树立辩证思维。

（二）课程规划

中华优秀传统文化课程设置要充分考虑课程的内容，避免重复内容的出现，力求在内容上精简，主题明确。在创新课程设置方面，要突破传统的单向选择，将教师选派与学生自主选修结合起来，将必修课程与选修课程结合起来，充分有效地利用学生和教师的时间。

三、建立组织领导保障制度

高校的思想政治教育组织领导方式直接关系到思想政治教育目标和任务的实现，关系到高校思想政治教育工作的开展。所以，必须建立一套有效的组织领导保障制度。

（一）坚定党组织在高校思想政治教育中的核心地位

高校思想政治教育在组织领导保障上，首先，要坚持党的领导。高校要将思想政治教育相关的各级领导的职责划分清楚，党委要发挥实质性的作用，教育过程中的所有事情都要有党委参与。此外，党委也要给高校思想政治教育工作提供正确的方向指导、决策指导，要做好各级部门的协调和监督工作，要随时听取各方面的反馈，从中找到现实问题，并在此基础上解决好问题，切忌不闻不问，一意孤行。其次，坚持党委的统一领导，要明确党委书记的责任。党委的领导是集体领导，在党委中，党委书记是核心，对整个党委的影响是巨大的。党委书记也要有强烈的责任意识，要知道哪些是自己应该做的，哪些是别人应该做的，这一点要区分清楚。党委书记要带好头，切实将高校思想政治教育的各项工作做好。党委书记要尽心尽力地去保障高校思想政治工作的建设，把自己的全部身心都投入到工作中去；要在工作中竭尽全力，发挥出自己的全部才能。

（二）建立和完善高校思想政治教育行政运行系统

在高校思想政治教育的组织领导保障体系中，党委的工作主要是做好总体规划，提供方向性的指导。而校长及其领导下的行政系统则肩负着将党委决策落地执行的重任。校长作为一校之长，也应该有着崇高的职业素养和道德修养，要全身心地投入教育事业，当然也要对学生的思想道德素质培育负责。因此，高校的行政运行系统要能够把高校的思想政治教育同其他工作结合起来，协同推进，同步评估。只有这样，高校的思想政治教育工作才能落到实处，才能实现全员育人的良性循环。当下，随着国家对高校教育体制改革的不断深化，高校行政运行系统的作用越来越明显，思想政治教育的诸多决策都有行政运行系统的影子，因此必须建立和完善高校思想政治教育的行政运行系统，把思想政治教育渗透在行政业务工作和行政管理之中，强化行政管理部门的思想政治功能。

四、加强高校思想政治教育各项制度建设

当前，高校应着重健全以下教育制度：①岗位职责制度。主要是大学生思想政治教育机构和专职人员所负担的思想政治教育、传统文化教育责任，包括工作任务、工作要求、工作职责、工作方式等。②大学生思想政治教育、传统文化教育制度。主要是指大学生思想政治教育和传统文化教育的内容规定、形式规定。③管理制度。大学生思想政治教育和传统文化教育离不开管理，既包括领导和组织的管理，也包括队伍的管理，还包括对学生的管理，如学生生活管理、日常行为管理、学籍管理、奖学金管理、纪律管理、奖惩管理等。④考核评估制度。科学的考核评估，是推动大学生思想政治教育和传统文化教育不断反省和改进，进而实现针对性和实效性的重要手段。

第二节　丰富高校思想政治教育中的中华优秀传统
文化内容

一、加大对中国古典文学的融入

中国古典文学是中华优秀传统文化中重要且具有活力的组成部分，它生动地体现了中华优秀传统文化的基本精神。中国古典文学在艺术表现方

面，涉及文与气、文与理、文与质、文与性、情与景、情与理、情与性、形与神、形与意、风骨与文采、法度与自然等范畴，所以中国古典文学具有关注现实的理性精神、"文以载道"的教化传统，强调意境的营造，是诗化的文学、理趣的文学，呈现出一幅丰富多彩的画面。它是后人永久的艺术典范，是现代人容易理解和接受的传统文化形式，是现代人与传统文化之间的桥梁，也是其他国家和民族了解中华优秀传统文化的窗口。

（一）中华优秀传统文化与以文化人的融合

习近平总书记指出："国无德不兴，人无德不立。必须加强全社会的思想道德建设，激发人们形成善良的道德意愿、道德情感，培育正确的道德判断和道德责任，提高道德实践能力尤其是自觉践行能力，引导人们向往和追求讲道德、尊道德、守道德的生活，形成向上的力量、向善的力量。只要中华民族一代接着一代追求美好崇高的道德境界，我们的民族就永远充满希望。"[①]中华优秀传统文化有着丰富的道德修养及道德实践的内涵，对新时代青年大学生提升思想道德素质、塑造理想人格有着重要的价值。可以说，结合中华优秀传统文化来以文化人、以文育人是新时代高校立德树人的重要途径。

1. 重德修身

2000多年前，《周易》提出了"天行健，君子以自强不息""地势坤，君子以厚德载物"，意思是天道运行刚劲强健，有道德的人应效法天道，追求进步，发奋图强，勇于进取，永不停息；大地德性丰厚，承载万物，包容一切，有道德的人应效法大地，胸怀宽广，诚实谦虚，海纳百川，容载万物。

（1）"自强不息"所蕴含的自立自强的气节一旦由中国人的个体诉求集结为群体诉求，演变为中华民族的共同价值取向时，就会自然而然地升华为独立自强、不屈不挠、艰苦奋斗的民族精神，并与爱国主义一起，成为团结统一、同仇敌忾的强大精神凝聚力量。

---

①中共中央文献研究室.习近平关于社会主义文化建设论述摘编[M]．北京：中央文献出版社，2017：137.

以高校思想政治理论课为例，教师可以结合自身的教学设计和教学安排，将"自强不息，厚德载物"的中华优秀传统文化融入课堂教学之中。比如，在讲授"思想道德与法治"课程第一章"领悟人生真谛把握人生方向"第二节"正确的人生观"第二框"积极进取的人生态度"时，面对当下青年大学生选择"躺平"的人生态度，教师可以用中华优秀传统文化中"自强不息"的精神回应青年大学生"躺平"的生活态度，开展一次"自强"与"躺平"的对话。既可以将孔子的人生作为案例，介绍他"知其不可为而为之"中蕴含的锲而不舍、追求奋斗的精神；"君子无终食之间违仁，造次必于是，颠沛必于是"里自强不息、坚守仁德的精神；"发愤忘食，乐以忘忧，不知老之将至云尔"中积极向上、勤奋好学的精神；等等。

此外，教师也可以用中华优秀传统文化中"如欲平治天下，当今之世，舍我其谁也"所高扬的主体意识、强烈责任感和使命感以及"君子终日乾乾，夕惕若厉，无咎"所流露的积极进取、自强不息的精神等，结合青年学生所关注的"躺平"问题进行思考，达到对青年学生正确人生观教育的目的，从而激励青年大学生树立积极面对、主动进取的人生态度，发扬百折不挠的奋斗精神，在创新创造、不断奋斗中，成长为实现中华民族伟大复兴的先锋力量。同时，在教学中也要使青年大学生明白，人的一生总要面对各种各样的困难和挫折，这些困难和挫折对人的影响往往取决于人的态度。古往今来许许多多的杰出人物都是坚信"艰难困苦，玉汝于成"，成功是在历尽艰辛之后在挫折中获得的，因此，大学生要具有奋勇前进、积极面对困难的乐观精神，培养自身坚忍不拔的顽强意志，在百折不挠的奋斗中实现人生价值。

在讲授"思想道德与法治"课程第三章"继承优良传统弘扬中国精神"中第一节"中国精神是兴国强国之魂"第二框"中国精神的丰富内涵"时，可切入百年大党在革命、建设、改革各个历史时期顽强拼搏、不懈奋斗所形成的伟大精神，特别是航天精神、脱贫攻坚精神等，阐释中国共产党在奋斗历程中是如何以自强不息的精神淬炼出中国共产党人的精神谱系，向青年学生深刻解读这些中国精神所蕴含的传统文化因子，进而使学生更加认同中国精神的重要意义，明晰这些含有自强不息意蕴的中国精神是鼓舞和激励中国人攻坚克难，不断从一个胜利走向另一个胜利的重要精神法宝。

（2）厚德载物则基于人的意义和价值，蕴含着成就"盛德"的人生安身立命之本。教师在课堂教学时，引导青年大学生树立正确的人生观和价值观，助其找到安身立命之法，则可以从厚德载物的德行中汲取营养，积极引导青年大学生进德修业，积善为德，在求知、修德、积善过程中，不断成就自身的道德修养，达到"参赞天地"的理想境界。厚德载物的精神，也是今天构建和谐社会的必然道德要求，它一方面要求社会成员加强道德修养，提高道德水平；另一方面要求社会成员以宽广的胸怀实现人与人之间的和谐相处，承载万物，从而建设一个健康、文明、和谐的理想社会境界。教师在讲授课程时，可以充分将此内容与我们今天构建和谐社会的愿景相联系，充分彰显出中华优秀传统文化观照现实的价值意义。

2. 社会公德

严格来说，社会公德这一道德范畴在我国传统伦理文化中并非与生俱来，而是近代以后才产生的道德规范。虽说往昔并无严格意义上的社会公德界定，却隐含着一些关于公共生活关系的道德思想，可以说，"中国古代思想家提出的许多道德理念，正是为了克服小农社会和宗法社会的伦理局限，将个人和家族的伦理关系提升到社会和国家的层面，即由私德发展为公德"①。如"被之憧憧，夙夜在公"的公忠精神、儒家推己及人的"仁爱"思想、强调"公义胜私利"的"义利—公私"之辩、"有礼则安"的明礼思想等，都体现了传统道德中的"公德"内容。概括而言，中华优秀传统文化中，具体的公德条目可体现为以下几个方面：

（1）仁爱。仁爱是中华优秀传统文化中非常重要的内容，同时也是儒家重要的道德范畴。仁爱思想是调节人际关系最基本的原则，是社会公德建设必须要吸收的宝贵道德资源。

（2）尚义。"义"是中华优秀传统文化中含义极广的道德范畴。墨家和法家赋予"义"以政治含义，将其看作国家治理的道德基础，《墨子·天志上》指出"有义则治，无义则乱"，法家则指出"义"是治国之道，释义为忠。在中华优秀传统文化中，"义"还是用来处理"利"的道德原

---

① 刘立夫,孙哲.论中国传统的公德精神［J］.道德与文明,2013(6):34-38.

则，即"义利之辩"，用以正确处理道义与利益的取舍问题，其关涉的代表内容主要有儒家的重义轻利思想。由此可见，"义"作为传统社会公德，注重在日常交往中恪守道义、讲义守信、先义后利，对于构建和谐人际关系有着重要意义和价值。

（3）明礼。"礼"是中华优秀传统文化的重要道德范畴，在"国之四维"的"礼义廉耻"中有"礼"，在儒家"仁义礼智信"的五常中有"礼"，在"孝悌忠信礼义廉耻"的八德中也有"礼"。概括而言，"礼"在中国历史上是有着丰富内涵的概念，而其作用和功能也是多方面的，既可以表明个人所应具有的"敬""让""谦"的价值取向和生活方式，也指代整个社会的等级制度、法律规定和道德规范。但"礼"作为一种道德规范，其要义在于要求人们在人际交往过程中秉持一种恭谦礼让的态度，维持社会人际关系交往的和谐。孔子认为"人无礼不生"。《论语·季氏》指出，"不学礼，无以立"。《礼记·曲礼上》更是指出，"人有礼则安，无礼则危"。《荀子·修身》指出，"礼者，所以正身也"。《荀子·礼论》指出，"礼者，人道之极也"。毋庸置疑，中华优秀传统文化中的"礼"对于维护社会人际关系和谐具有重要价值。

在教学上可以运用中西方思想文化对比的方式突出中华优秀传统文化中"仁爱""尚义""明礼"思想的合理性。当前，随着经济改革的推进和社会主义市场经济的发展，在一定程度上为利己主义思想的产生提供了现实土壤。商品拜物教、货币拜物教等现象的出现使利己主义思想不断滋生。在此背景下，部分大学生受到利己主义的干扰，其行为和观念出现了与之相关的不良倾向。而在社会主义道德教育中，对集体主义、共产主义道德的过分强调，又会促使大学生产生一定的逆反心理，认为"大公无私""公而忘私"的共产主义道德是不符合现实需要的，最终导致青年大学生对利己主义合理性的认可。而在这个过程中，西方社会思潮渐次涌入，不断高扬利己主义的合理性，从而在一定程度上招揽了一定数量的利己主义的信奉者。面对这一现实问题，中华优秀传统文化中的"仁爱""尚义""明礼"的思想无疑是一剂治愈的良药，印证着中华优秀传统文化的意义所在。

教师还可以从中华优秀传统文化中关于公德和私德的辩证关系中，引导青年大学生正确认识公德与私德（个人品德）。在社会高速发展的今天，如何进行社会公德的培育，根本途径还在于对公共价值的弘扬和认可。青年大学生要想具备良好的公德，关键在于认同并践行之，例如关心他人、关怀社会、礼爱文明、爱护自然等。中华优秀传统文化中的"仁""义""礼"都是公共价值培育的道德因子，与此同时，必须明确公德培育的重要性建立在个人高尚私德的基础之上，社会公德与个人私德并不冲突，儒家道德所倡导的"外推"思想反而更有利于从人的私德入手，培育人的社会公德认知和践行能力。因此，思想政治教育工作者应有意识地将中华优秀传统文化中的一切道德思想予以充分结合，积极引导青年大学生形成道德共识，进而内化于心、外化于行。

（二）中华优秀传统文化与和谐社会建构

中华优秀传统文化包含着丰富的关于和谐、大同社会的思想，同时也蕴含着构建内外一体、协和万邦共同体的精神内核。中华优秀传统文化认为，世界是和谐共生的整体，万物合一、人与社会共存、国家与国家共生，进而演化出具有和合智慧的文化精神，为构建和谐社会、追求共产主义理想、打造人类命运共同体积淀深厚的历史文化底蕴。在高校思想政治教育中，要从社会发展和建构新型国际关系的视角出发，向大学生深刻解读好中华优秀传统文化对于今天解决人与自然的矛盾关系，实现共产主义理想所具有的文化价值，并立足于中华优秀传统文化中"协和万邦"的思想，解读好习近平总书记构建人类命运共同体思想的重要意义和价值，以此充分彰显出中华优秀传统文化饱含着的天下情怀和对人类生存与发展状况的整体关怀。

1. 大同社会

春秋战国时期正值中国社会由奴隶制向封建制的转型时期，社会呈现出"礼崩乐坏"、动荡不已的状况。出于对社会现实的实际反思，儒家经典著作《礼记·礼运》为人们描绘出了"大同社会"的崇高理想蓝图，《礼记·礼运》篇对于"大同社会"的描述将"天下为公"四个字作为初始命题，提出了一个实行全民公有的理想社会愿景。这个社会将"选贤举能"作为重要措施，依靠贤人为天下人谋福利，管理国家事务。同时，社会讲信和睦，人与人之间具有良好的人际关系，每个人各得其所，都能得到社会的关怀，在大同社会中，人人都具有较强的责任心，以高度的自觉劳动主动回报社会，物尽其用，人尽其力，社会和谐。

在大学生群体中，不乏会有一些人认为共产主义理想离现实太远，是无法实现的。在他们看来，共产主义是一种空想，即"乌托邦"。基于此，教师在进行与共产主义相关的教育时，要直面学生的疑问，从中华优秀传统文化中的"大同"社会理想讲起，将其与共产主义社会进行对照分析，并立足于社会现实引导学生认识到共产主义远大理想既是面向未来的，又是指向现实的，不仅反映了人们对未来社会的美好向往，更是一个从现实出发，不断满足人的现实利益需求、推进人的全面发展、推动社会发展进步的历史过程与现实运动。主张"共产主义理想离现实太遥远，是无法实现"的观点，实际上割裂了共产主义远大理想与现实的辩证统一关系。事实上，共产主义的思想和实践早已存在于我们的现实生活中，那种认为"共产主义是渺茫的幻想""共产主义没有经过实践检验"的观点，是完全错误的。教师可从"乌托邦"的空想意义讲起，让学生意识到，"乌托邦"并不是一种消极概念，恰恰相反，它具有积极的内涵，就其一般意义而言，"乌托邦：一是指与现实社会不同的、消除了痛苦与邪恶的、充满公平与和谐的理想社会设计或对这种理想社会的描绘，二是指在对理想社会追求中体现出来的对现实社会超越的批判精神"[1]。这种批判精神反映着人们改变现实的历史使命感和将理想作为参照不断鞭笞社会，致力于以知识和智慧构建美好社会的愿景。

2. 和而不同

实现人类的和平与发展一直以来都是全人类共同的奋斗目标。党的十八大以来，以习近平同志为核心的党中央提出了"人类命运共同体"这一科学思想，为破解人类社会发展难题贡献了中国智慧和中国方案。"人类命运共同体"思想有着深厚的中华优秀传统文化的智慧，其中"和而不同"即是其中的重要文化底蕴。

---

① 李宗桂. 中国优秀传统文化的现代价值[M]. 北京：人民出版社，2019：430.

据考证，早在3000多年前，中国的甲骨文、金文中就有了"和"字，《尚书》中曾多次提到"和"，比如，《尚书·尧典》中有"九族既睦，平章百姓。百姓昭明，协和万邦"的表述，强调首先把自己的宗族治理好，使之团结和睦；然后治理自己的诸侯国并协调各诸侯国之间的关系，这样一来，天下臣民友好如一家。又如，《尚书·周官》中提到，"庶政惟和，万国咸宁"，强调统治国家要使各项政策都很合适，这样天下的万国都会得以安宁。可以看到，这里的"和"既有着各邦国关系的和谐，也有着国家政事和谐的含义。

当今大学生极其关注国际社会的时政热点，尤其对中美关系、中欧关系、中日关系关注频繁，教师在教育过程中要做好对大学生正确看待国际关系的引导，以客观、实际的态度为大学生讲清楚我国"维护世界和平、促进共同发展"的外交政策的宗旨，讲明推动建设相互尊重、公平正义、合作共赢的新型关系是我国立足于时代发展潮流和我国根本利益做出的战略选择，反映了中国人民和世界人民的共同心愿。其中最为重要的是，要向大学生讲明，无论是"人类命运共同体"理念的提出，还是我国"维护世界和平、促进共同发展"的外交政策，都有着深厚的中华优秀传统文化"和而不同"的思想渊源。这再一次向我们证实，中华优秀传统文化有着强大的生命力和思想的深邃性。同样的，"人类命运共同体"思想为中华优秀传统文化在新时代的创造性转化和创新性发展提供了机遇，体现了对中华优秀传统文化的赓续和弘扬。教师要善于从中华优秀传统文化"和而不同"的思想价值入手，讲明其与人类命运共同体的延续性和一致性，使青年大学生更加坚定文化自信，从而促进青年大学生对中华优秀传统文化进行传播和弘扬。

3. 协和万邦

协和万邦是"和合"思想在国家交往层面的展现和应用，《尚书·尧典》指出："克明俊德，以亲九族。九族既睦，平章百姓。百姓昭明，协和万邦，黎民于变时雍。"这里的"协"意为协调、协助，是方式和手段，"和"即为和平、和睦、和谐，是目的。"协和万邦"是指通过协调、协助使万邦诸侯能够和谐合作、友好往来。这一理念为历代政治家和思想家所传承与弘扬，被运用于处理与周边国家及其他民族之间的关系上。之后，《周礼·天官冢宰》中有"以和邦国，以统百官，以谐万民"之说。《周易·乾卦·象传》提出"保合太和，乃利贞。首出庶物，万国咸宁"，主张达到"太和"境界，赋予天下大道的"和"以规律性。《左传·隐公六年》中记载"亲仁善邻，国之宝也"，表明了以和平的方式和谐万国的思想。春秋战国时期，《论语·学而》中提出了"礼之用，和为贵。先王之道，斯为美。小大由之，有所不行。知和而和，不以礼节之，亦不可行也"，《论语·颜渊》中也提出了"四海之内皆兄弟"，蕴含了睦邻友好的期许。《墨子·兼爱》也提出，"天下兼相爱则治，交相恶则乱"。由此可见，"协和万邦"的理念认为要协调不同国家之间的关系，反对斗争，以和平、合作的方式让世界各国相互尊重、共同发展。

教师在教育过程中，要善于从"协和万邦"所蕴含的外交理念视角出发，向学生讲清楚这一中华优秀传统文化观念在中国古代社会和新时代所具有的价值意义。经济全球化的今天，恐怖主义、粮食安全、网络安全等不安定因素此起彼伏，中国之所以不断强调中华优秀传统文化的思想精髓，根本在于这是解决人类面对的共同问题的正确之道。建构和谐稳定的国际关系，通过协商、沟通、对话、协作等方式解决国与国之间的矛盾冲突。唯有如此，才能够实现人类永久和平、推进国与国之间的政治互信，进而促进人类社会可持续发展。同时教师还要结合当今国际形势，从中国积极参与国际安全秩序建构、处理好中国同世界各个国家关系的视角出发，用真实的案例向学生旗帜鲜明地表达中国是如何努力构建互利、合作、共赢的国际新秩序，并在国际事务中发挥积极建设作用，为发展中国家创造良好发展环境的，以此表征中国作为负责任的大国从一而终地贯彻"协和万邦"的伦理价值。

二、加大对中华传统节日文化的融入

民族节日蕴含着民族生活中的风土人情和道德伦理等文化因素，是一个民族历史文化的长期积淀。民族节日形式多样、内容丰富，庆祝民族节日既是民族文化的集中展示，也是民族情感的集中表达。随着经济全球化的发展，许多"洋节"涌入中国，在商家的助力下，不少追求时尚、新鲜的年轻人只热衷于过"洋节"，而对中国的传统节日甚至不了解、不喜欢。因此，把优秀的民族传统节日融入课堂教学中，不仅有利于打开学生学习中华传统节日文化的兴趣之门，而且能够引导他们在品味民族节日的过程中，正确认识、准确鉴别、理性认知，以增强民族文化认同，推动民族文化发展。

中华传统节日文化是中华民族生生不息延续的体现，是中华民族在华夏大地上对于生活情感积累的告白与诉求。中华传统节日文化在历史的延续中形成稳定的文化基因，与人们的日常生活密切相关，对人们的思想起着重要的引导作用，是凝聚精神、凝聚力量的重要文化因素。中华传统节日文化浓缩了中华民族最美好殷切的期盼，对于每一个中国人都有着深远的影响，对于人们形成中华民族的文化基调起到价值引领的作用。

因此，对于大学生而言，中华传统节日文化是培养他们民族自信和文化认同感的最佳思想政治教育教材。例如，在有关传统文化继承的教学中，教师在播放动漫视频《元日》时，引导同学们思考：你在视频中看到了哪些过年的习俗？同学们饶有兴致地观看视频并积极作答"贴春联、贴福字、挂红灯笼、祭灶神、吃年夜饭、逛庙会、放烟花爆竹、舞龙、舞狮、拜年"等。接着在学生们讨论的基础上师生一起聚焦春节、细品"年味"。春节是中国民间最隆重盛大的传统节日，它不仅集中体现了中华民族的思想信仰、道德伦理、生活娱乐和理想愿望，而且还是祈福攘灾、饮食和娱乐活动的狂欢式展示，春节民俗的形成与定型，是中华民族历史文化长期积淀凝聚的过程，在传承发展中承载了丰厚的历史文化底蕴。然而，由于不少地方传统文化传承不够，在年轻一代中，春节变为"吃货节"，很多学生认为春节的精髓就是"吃"。在生活日益富足的今天，春节的年味变淡了。因此，通过思政课的教学，学生们对春节等传统节日有了深入的了解、认识和认同，找回了浓浓的"年味"，找回了春节的意义，更深刻地体会了爱国主义思想源远流长。

利用中华传统节日文化的丰富内涵培养大学生自强精神，让思想政治教育因为融入节日文化内涵而变得更为生动，更能够让大学生接受。我国的传统节日在丰富多彩的活动和形式中传递出民族情感和价值走向。我国的传统节日都是以和美、祥和的气氛为节日基调，在节日中体现出我国人民对于和平的向往，对于美好生活的珍惜和尊重生命的诉求。大学生是社会生活中的重要群体，要积极融入中华传统节日中，通过将中华传统节日中教育意义的引导，内化成思想道德意识，在实际行动中践行社会主义核心价值观。

三、加大对中国传统民族艺术的融入

创造性转化和创新性发展要求文化的传播形式要根据主客观条件进行变化，在丰富多样的传统文化样式中，艺术是最具象化的表现。习近平总书记曾强调："对文艺来讲，思想和价值观念是灵魂，一切表现形式都是表达一定思想和价值观念的载体。"[1]积极正能量的艺术形式对中华优秀传统文化的传承有裨益作用，它弘扬的是中华民族精神。中国传统民族艺术是我国先民的伟大创造，积淀着5000年文明的深厚底蕴，是艺术形式与思想情感相融合的产物，寄托了人们的美好愿望与理想追求，是我们的精神食粮。它的类型多样，包括绘画、书法、音乐、诗歌、戏曲等，教师如果能将这些艺术形式贯穿到教育教学中，一定会提升学生的文化自信感，引导他们树立正确的传统文化观。

以诗歌和音乐为例，如今的年轻人喜欢流行音乐，像说唱乐、蓝调、摇滚等，而对中国传统的古典音乐大多提不起兴趣。在新时代，有些音乐创作人创造性地将流行乐和中国古典乐巧妙结合，以"和诗以歌"的形式进行民族文化的传承。如有创作者将中国传统的古典乐器，诸如古筝、古琴、竹笛等与西洋乐器相配合，同时辅之以古典诗词，以流行歌曲的方式演绎"中国风"，不仅让传统民族音乐元素和现代流行音乐元素相互交融与碰撞，而且以古典诗词为基础进行词曲创作，最大限度地将诗词中要凸显的精神意蕴展现出来，赋予其新的生命力。以人教版高中思想政治必修4《哲学与

①习近平.在中国文联十大、中国作协九大开幕式上的讲话　2016年11月30日[M].北京:人民出版社，2016:8.

文化》第三单元《文化传承与文化创新》的教学为例，在课堂上，教师先播放《春江花月夜》《高山流水》等音乐，让学生说说这些民族音乐的特色。随后再播放《青花瓷》《千里之外》，引导学生从这些现代流行歌曲中探讨传统文化的继承与发展。在学生讨论的基础上，教师可以继续引导学生分析文化传承与文化创新的关系。

在儒家的传统教育中，"乐"作为艺术教育的重要一环，与"礼""仁"的教育保持着和谐动态的关系。在"乐"的教育中，舞蹈是其基本方面，在我国的古典舞蹈教育中，"拧、倾、圆、曲"展现了舞者的秀美、典雅；"抑、扬、顿、挫"的节奏处理蕴含着大气、温婉的气质，像舞蹈形象中的巾帼英雄穆桂英、秦良玉等，她们以刚毅果敢、浩然正气、刚柔并济的形象展现着伟大的家国情怀，教师在传统文化和思想政治教育中可以将她们引入，以动人的舞蹈陶冶学生，将"德"与"艺"完美结合。

第三节　加强高校思想政治教育工作者的队伍建设与教学能力

一、高校思想政治教育教师在中华优秀传统文化教育活动中的作用

（一）作为课堂教学活动实施者的作用

课堂教学以爱国主义教育为重点，是深入弘扬和培育民族精神教育、深入开展中华民族优良传统和中国革命传统教育，帮助大学生树立正确的世界观、人生观、价值观的主阵地。当然，在这样的一个过程里，大学生并不是孤立的个体，毕竟就教育而言，是需要教师和学生一起来努力完成的。师生协同努力，才能建构起健全的知识体系，形成良好的品德，教师在其中是主导者，是中华优秀传统文化的梳理者和传授者。关于教师在教学活动中的重要作用，联合国教科文组织提出过一个影响教学质量的公式，即教学质量＝（学生＋教材＋环境＋教学方法）×教师。从这个公式中我们可

以看出来，如果教师有良好的能力和水平，他的课堂教学效果也会相应提高。大学生思想政治教育的主要任务之一，应当以为人民服务为核心、以集体主义为原则、以诚实守信为重点，广泛开展社会公德、职业道德和家庭美德教育，引导大学生自觉遵守爱国守法、明礼诚信、团结友善、勤俭自强、敬业奉献的基本道德规范。坚持知行统一，积极开展道德实践活动，把道德实践活动融入大学生学习生活之中。由此可以看出，正确的知行合一是大学生思想政治教育和中华优秀传统文化所追求的理想目标，在此过程中，教师要充分体现出发展较成熟主体的主导和示范作用，言传身教地来影响和教育学生，切忌照本宣科、循规蹈矩、僵化保守，最终影响课堂教育教学的效果。

（二）作为校园优秀传统文化建设引导者的作用

如果说中华优秀传统文化的教学是一座冰山，那课堂教学只是这座冰山的一角。对于学生而言，大部分优秀的中华传统文化知识还是要通过课外的途径来获得。刚开始的时候，中华优秀传统文化的相关知识或是其他知识都只是单纯的信息传递，还没有对学生的思想过程产生实质性的影响。但是，如果将这些传统文化以及其他知识与一定形式的场景结合起来，例如，高校开展的各类讲座、实践活动，就能让参与的学生接受，在接受的过程中，大学生的认知就有很大可能得到重新构建，原本那些以信息形式出现的知识才会内化为大学生脑海中的知识图像。知识图像的建立，会潜移默化地作用于每个大学生个体，对他们的思想、品德、意识形成等方面产生影响。在此过程中，我们可以看到，原始的一些有用的信息，以及与之有联系的不同形式的活动是让大学生认知图像形成的关键因素。所以，在校园内外开展传统文化活动是中华优秀传统文化普及的重要途径，各所高校应该给予高度的重视，并形成新的教育方向。教师更是其中的重要设计者，可以组织开展各种学术研究、科技体育竞技、知识观点辩论赛，将德智体美劳各项教育有机地结合起来，将教育寓于活动之中，主旨是让大学生们接受并热爱中华优秀传统文化，形成符合中国特色社会主义建设的思想品德修养。

二、高校思想政治教育教师应当具备的基本素质与能力

（一）提高对高校思想政治教育的认识

高校思想政治教育肩负的任务是树立大学生正确的人生观、思想观和价值观，提高大学生的道德修养、文化素养。它对于大学生将来走上工作岗位，成为国家和社会需要的人才极为重要。特别需要注意的是，当前我国高校普遍存在重智育轻德育的情况，而高校思想政治教育更加突出的是对大学生正确的人生观、世界观和价值观的培养。

我国现阶段部分高校，有比较突出的重视理工科而轻视文科的现象，高校思想政治教育课也在很多学校中不受到重视。在高校思想政治教育中，也存在只重视马克思主义理论而忽视思想品德修养的课程。而部分高校在学校管理、课程架构、主课教师等多方面，只将其作为一般的教学任务来看待。

以上这些问题显然是各高校教研教学框架和思想政治课教师的认识不足造成的。部分高校由于找不到合适的教师，思想政治课不得不以大课的形式来上，一堂课中几个专业的学生坐在一起，甚至几个系的学生坐在一起。在这样的课堂中，一方面学生不能有效地理解思想政治课的知识，另一方面影响了教师和学生之间的互动交流，教师无法了解到学生个体的思想政治需求，不能准确地制定授课策略，只能用大而全的方式进行授课，学生是否能接受基本无法顾及。同时，这样的大课形式，课堂秩序较差，自制力差的学生会通过做各种小动作的方式排斥听课，教师也无暇有效维持秩序。种种情况下，思想政治课就达不到本身的教育目的，而且它的威信也会受到很大的影响。有些高校，在没有专业思想政治课教师的情况下，仅安排学校党委成员或各系书记进行教学，很难做到理论联系实际，效果自然就会大打折扣。

（二）增强思想政治教育课程的时效性和针对性

我国非常重视高校的思想政治课程建设，提出了一系列的指导方针和

政策，这些对于高校思想政治课教师来说是很大的利好。《新时代学校思想政治理论课改革创新实施方案》的实施，关键在于教师的落实。因此，高校思想政治教育工作者要努力提高自己的思想认识，要以高尚的职业素养和人格精神，全心全意地投入高校思想政治教育工作中去，结合学生的实际情况，进行有针对性的改善和创新，积极增强高校思想政治教育对学生的影响力。

1. 要有高度的责任意识

高校思想政治理论课的教师一定要有高度的责任意识，把加强和改进高校思想政治理论课作为一项重大而紧迫的政治任务，切实抓紧抓好。要把中央精神很好地贯彻下去，体现在自己的责任意识和职业素养上来，要和中共中央宣传部、教育部印发的《新时代学校思想政治理论课改革创新实施方案》接轨，要认真研读中共中央关于教材编写和审定的精神，尽快熟悉和掌握新课程的教学目的和基本要求，从多方面保证授课的质量，全身心投入。高校思想政治理论课的教师要认识到，做好思想政治教育不仅是对学生负责，对自己负责，也是对整个国家和民族负责。

2. 要切实提高自身素质

高校思想政治课教师要切实提高自身素质，真正成为大学生健康成长的指导者和引路人。高校思想政治理论课是为了提高大学生的思想素质和道德修养而设立的，高校思想政治理论课教师要让学生有一定的道德素养，首先，自己必须是一个有高尚道德素养的人。高校思想政治理论课教师本身的言行、思想对大学生有很大影响，本人有高尚的道德素养，学生才可能产生同样高尚的道德素养。反之，高校思想政治课教师任何道德修养上的缺陷，都可能会给学生造成不可估量的影响。因此，高校思想政治课教师一定要努力提高自己的思想道德素质，平时的实践活动要符合思想政治教育的精神和主旨，只要是要求学生做到的，自己就要首先做到。思想政治课教师以身作则，严格规范约束自身行为举止，对学生之间良好风气的形成才会起到决定性的作用。高校思想政治课教师要明确，自己的一言一行、一举一动，都是重要的示范和引导，必须做到真正有修养，讲道德，并把这当成是一种责任，绝不违反。这在中华优秀传统文化中的体现也颇深。西汉时期，思想家扬雄在《法言·学行》中提到："师者，人之模范也。模不模，范不范，为不少矣。"清代著名思想家顾炎武在《赠孙徵君奇逢》中也慨叹："海内人师少，中原世运屯。"顾炎武认为，国家之所以出现了危难，同注重"言传身教"的教师很稀少是有直接关系的。这些例子都说明了教师言传身教、带头垂范的重要性。高校思想政治课教师是大学生思想政治教育的领路人，只有自己的功夫做扎实了，才能在思想政治方面教育好学生。为此，高校思想政治课教师应该具备以下几方面素质。

（1）要有过硬的思想政治素质。高校思想政治课教师的思想政治素质是要过硬的，要坚持党的基本路线和方针政策，自己要在言行和精神上同党中央的精神保持高度一致。教师还要经常关心国内国际的形势，并且知道运用马克思主义去对变化的形势做出分析和判断。教师只有自己具备过硬的思想政治素质，才能真正承担起大学生思想政治教育领路人的角色，帮助大学生从不正确的思想认识中解放出来，树立起正确的人生观、世界观和价值观。

（2）有良好的职业道德素质。职业需要一种态度，而态度端不端正直接影响一份职业能不能顺利完成。高校思想政治课教师在任何时候都要想到，做好工作是自己的责任，做不好工作是自己的失职。同时，教师也要对工作充满信心，满怀激情地投入教育中去，用自己的激情去感染学生，让学生能够脚踏实地地做人做事。高校思想政治课教师除了教师的身份以外，还应该和学生打成一片，成为学生的"益友"，在学生有困难时能够帮助，在学生迷茫时能够指导，在学生有疑惑时及时给予解答，成为学生成才的真正指路者。

（3）要有丰厚的理论业务素质。现在是一个知识经济的时代，高校思想政治课教师要教好学生，就要懂得"打铁还需自身硬"的道理，自己要做到与时俱进，顺应时代发展，思维不能过于保守僵化，要随事物的变化不断更新观念。现在的大学生，他们的思想比以往任何时期都要开放，这就需要高校思想政治课教师更加注重对自己思想的解放，不能囿于传统的一些观念，要积极地去了解学生的新思维、新方法，积极应对，获得和大学生们交流的共同语言，才能更好地开展思想政治教学和实践活动。同时，教师也必须学习新的思想理论、教育理念，用新的理论和理念来提高自己的教育功底，从而探索出新形势下适合的教育途径和方法，为高校思想政治课的新局面打下基础。

（4）要有与时俱进的创新素质。现在的社会发展飞快，有些思想政治课的教师总是固守传统的观念、教法，而不知创新，这是不可取的。在高校思想政治教育中要注重创新，避免以死板的眼光去看待问题，要懂得变换思考的角度、方式与方法。在高校思想政治教育的创新中，首先是要深入研究马克思主义的原理，认真领会马克思主义的基本立场、观点和方法，同时又要结合当前我国发展的基本情况，做出高校思想政治教育最新的阐释。遇到问题时，要经常问自己"为什么"，并且梳理出之前出问题的原因。这样做，不仅是给旧有的想法一个机会，也是一种重新思考、重新整理的过程。在这个过程中，就可能勾勒出创造性的思想政治教育方法。

第四节　加大校园文化建设中对中华优秀传统文化的融入

校园文化在培养大学生德智体美劳等方面具有重要的作用，它与课堂教学是一个相互呼应、相互渗透、共同作用的教育过程，校园文化是课堂教学的补充和延伸。高校应努力建立起一套完整的、全方位的校园文化体系，有计划、有步骤地开展适应思想政治教育的校园文化建设，为大学生思想政治教育的全面提高营造一个全新的环境。

大学创设良好的校园文化，不仅可以增强高等学校德育工作的针对性和实效性，而且对培育中国特色社会主义事业的合格建设者和可靠接班人具有重要且深远的意义。积极向上的校园文化活动，能提升校园文明程度，引导大学生勤学、修德、明辨、笃实。校园文化建设的宗旨是提高大学生的综合素质，创建以人为本的和谐校园文化环境。加强和推进大学校园文化建设，也是对文化强国战略的践行。

一、加强校园物质文化建设

大学校园物质文化是高校校园文化的基础和外在表现，在发挥育人作用方面起着重要的作用。高校校园文化的建设除了要依靠校园精神文化这一核心区支撑，也要依靠校园物质文化这一外圈来捍卫。大学校园物质文化作为直接影响大学生身心发展的文化，应该做到以有形的存在发挥无形的价值。我们在建设大学校园物质文化时，要遵守马克思主义关于人与物质相互作用过程中的主观能动作用的思想，不断改造旧物质，创建新物质，即创建我们的"大楼"。现代大学之大楼是大学存在的主要物质力量，狭义的大楼是指校园的高大建筑群，广义的大楼却包括校内各种现代化建筑物在内的一切硬件教学设施，主要包括图书馆、宿舍、教学楼、运动场所等建筑物，以及大楼中的各种硬件装备和设施，如体育场所的运动设施、实验室里的各种仪器等，还有校园内全部建筑所体现出的一种大学生文化底蕴。这是一种外延性的、能够代表大学精神的象征。大楼代表着现代大学的硬件体系，是大学存在的重要物质力量，因此必须加强学校的大楼建设，合理构建和规划楼宇及设备，更新资源，但不可盲目追求大楼规模与浮夸风气。同时，大学的大楼应该尽可能地吻合一所大学的历史特征与人文情怀，创造条件，形成自己的大学文化传统并有所传承。

校园文化环境与课堂教学，二者同等重要，缺一不可。将二者相结合既可以提高高校教育教学质量，又可以促进中华优秀传统文化融入校园环境。良好的校园文化环境，展现的是一个学校的学术氛围和文化底蕴，还可以提高学校的思想道德水平，一个学校的校园文化是在建设校园之初就应该形成的，并在发展过程中不断改善和更新，增强自身历史文化底蕴。尤其是那些百年老校蕴含着更加深刻的文化特征，从校园建筑到校园设置、从校徽设计到校训规定等都可以体现强大的文化精神特色、学校的人文价值和历史意蕴，散发着优秀传统文化的气息。校园文化基础设施建设是高校思想政治教育的重要依托，净化大学校园文化环境，传承中华优秀传统文化精华对于弘扬社会主义核心价值观，发扬高校自身特色，凝练大学时代精神具有促进作用。

（一）学生社团工作

进入 21 世纪，大学生学习研究中华优秀传统文化的热潮曾经一度高涨。这是一种好的现象，各高校负责学生思想教育工作的组织和干部都应该珍惜、支持他们的发展。大学生社团是学生自己的组织，思想基础较好，联系学生广泛，比较容易开展工作。对于这些学生社团，学校应为他们聘请指导教师，经常推荐一些学习书目，做一些辅导报告，出一些研究题目，多一些指导，多一些爱护，引导大学生钻研中华优秀传统文化，并运用中华优秀传统文化指导自己的学习和生活。

（二）中华优秀传统文化专题学术讲座

高校既是社会主义精神文明建设的重要阵地，又是学术活动的重要场所，因此有必要多开展一些有关中华优秀传统文化研究的学术报告活动。高校思想政治教育在中华优秀传统文化传承方面可以采取理论学习研讨型、文艺活动型、实践感受型等多种方式。通过丰富多彩的校园文化活动，进一步实现对中华优秀传统文化教育的深入和内化。高校也可以邀请专家、学者和企业家，在大学中讲解中华优秀传统文化。一次成功的中华优秀传统文化讲座会在大学生脑海里存留一辈子，甚至影响他们的一生。所以，经常在大学生中开展中华优秀传统文化专题讲座活动，可能会收获意料之外的效果。

（三）强化校园文化环境的隐性渗透

高校思想政治教育氛围的形成与大学生所处的文化环境的关系密不可分。高校思想政治教育除了以课堂教学为主阵地以外，还要注意通过校园文化活动的中介，扩大中华优秀传统文化的影响力和渗透力。校园中的文化环境以学生为目标主体开展各种活动，活动的丰富性和多元性包含极强的渗透作用，这种渗透作用往往不可察觉，但可以在无形中对大学生产生潜移默化的影响。

高校思想政治教育应该与中华优秀传统文化相融合，以提升大学生教育效果。可以从改变校园文化环境入手。

1. 在校园建设中融入中国美学风格

在校园建设中融入中国美学风格校园建设、环境美化中要注意中国美学风格的融入，引入中华优秀传统文化元素进行校园文化氛围改造，一方面，可以进一步提高校园环境建设水平，给予充足的物质保障，包括教室装修、校舍及街道整体设备、校园绿化等；另一方面，在校园美化中营造具有传统文化内涵的"文化场"，使校园环境具有中华文化的标识性和厚重感，通过时时可见、处处可见的中华优秀传统文化元素向大学生不断渗透中华优秀传统文化精神内涵，在大学生心理思维层面产生润物无声的影响。

2. 着力推进校园生活文化建设

着力推进校园文化建设注重对学生日常生活的关注，积极走近学生的生活和内心世界，把学生的日常生活作为文化价值建设的出发点，以产生心理共鸣。同时，进一步提高学生思想政治教育的接受度。例如，以中华传统节日为载体，举办主题活动，组织学生感受中华传统节日中的文化内涵和美好思想。或者以重大纪念活动为载体，举办知识类比赛，通过纪念活动和学习、比赛等活动，对学生进行潜移默化的思政教育。

二、加强校园精神文化建设

除了物质环境建设之外，也要加强大学生的精神文化建设，高校要实现人才培养，提升学校教育质量的目标，就需要以加强校园精神文化建设为前提。校园精神文化的有效建设能够培养学生的综合素养，塑造其良好的精神面貌，对学生可以产生强大而深刻的影响和意义。加强校园精神文化建设，可以让学生逐步接受和规范自身的行为和言语，对道德习惯的养成、道德品质的树立以及道德行为的形成都大有裨益。

（一）丰富学生文化

学生文化是指学生群体在学校学习活动、实践活动和人际交往中的价值观、思维习惯和行为模式的主流特征，应该从学生的"观念文化""形象文化"建设中，丰富学生的文化知识，提升学生的文化素养和文化内涵。

1. 学生"观念文化"建设

学生观念文化是指学生的人生观、世界观、价值观的体现，高校有义务帮助他们形成正确的"三观"。高校需要教导学生什么是人生观、世界观、价值观，为什么要形成正确的"三观"，如何形成正确的"三观"，让学生明白"三观"对一个人的影响。高校可以定期举办融合思政教育和中华优秀传统文化教育的学术论坛，鼓励师生参与，在学术交流中推进高校对相关话题精神内涵的深入挖掘与广泛传播。此外，还可以以大学生社团活动为依托，开展多种形式的中华优秀传统文化主题活动，让学生在亲身实践中领悟文化的力量，体会中华优秀传统文化的魅力。或者利用校会、班队会课让学生学习、了解学校的各项管理制度、发展规划、年度计划，宣传学校教育、教学理念、学校取得的辉煌成就等，让学生感受到自我的主体地位和学校的发展脉络，加深学生与学校共荣辱的情感，以此规范自身的行为。

2. 学生"形象文化"建设

学生"形象文化"建设主要包括个人形象、班级形象两个部分。对个人形象的要求是干净、活泼、健康、礼貌、乐观、进取；对班级形象的要求是达到浓厚的学习氛围、高雅的品位、鲜明的特色。良好的学生形象对学生的成长和发展起着重要作用。通过塑造积极的外部形象，培养学生积极向上的学习态度，敢于承担社会责任的信心；此外，学生也可以获得他人的认可和尊重，实现自身理想，成为社会发展的坚实力量。

（二）重视"校风学风班风"建设

学校要大力弘扬时代精神，努力营造人文底蕴丰富的校园氛围。在校园精神文化建设方面，应加入社会主义生产、建设、管理和服务的专业人才培养目标和技术导向、生产能力导向精神，大力建设学校良好风气，努力打造好学、严谨、求实、创新的时代特征。同时，充分发挥各职能部门、团委、学生会的作用，建设良好学习作风。要制定和完善学院学生行为准则，建立健全奖学金评定、学生纪律措施、学生公寓管理和考试纪律处理等规章制度，规范、激励和引导学生的学习和生活。要严格学生公寓管理、班级出勤管理和考试纪律管理，定期检查学生违纪行为，纠正校园不文明行为，增强学生的守法意识和道德修养。在班风建设中，要根据不同院系、不同专业、不同年级、不同班级的特点创造特色，充分展现个性班风。

第五节　创新中华优秀传统文化融入高校思想政治教育的教学方法

一、把握传媒阵地，打造网络教育平台

第 55 次《中国互联网络发展状况统计报告》数据显示，截至 2024 年 12 月，中国网民规模达 11.08 亿人，互联网普及率升至 78.6％。以青年群体为主体的现代人将互联网融入日常生活的各个领域当中，人们的生活视野因为网络变得越来越开阔，但是也产生了大量社会问题，因此急需对高校大学生开展网络思想政治教育。

（一）以网络为思政教育的重要阵地开展教学活动

教师可把网络当作大学生思想政治教育的重要阵地开展各项教育，使用互联网时也能吸收更多新知识，从而获取中华优秀传统文化精髓，体会其深远意蕴。需要特别注意的是，教师在通过网站进行高校思想政治教育时，一定要关注在这种形式下采用怎样的语言形式才能达到"以礼育人，以情动人"的效果，达到润物细无声的目标。

（二）创建专门网站，加强文化传播

创建中华优秀传统文化专门网站，拓宽文化传播途径。高校思想政治教育必须充分利用好互联网这一重要平台，使之成为传播主流文化的重要工具。在创建多样化的主题教育网站的同时，推动线上思想政治教育，结合线下的活动，形成全覆盖的宣传，进一步形成凝聚力。在互联网平台上可以创建中华优秀传统文化专门板块，综合运用文字、图片、视频、音频

等形式丰富的文化内容，同时设立研究讨论功能，充分开展学术研究与交流。在网站建设维护方面，应当配有了解思政工作、具有中华优秀传统文化修养、精通网页设计、掌握计算机技术的综合性人才，充分发挥其作用，将网站建设得便于使用、用户体验好、内容丰富。

（三）立体化传播中华优秀传统文化

随着经济的发展及科学技术的进步，中华优秀传统文化的传播载体除了传统的报纸、书刊、电视、广播外，还可以充分运用社交软件、短视频App、小程序等多种载体，丰富传播途径。同时，可以定期组织大学生观看与中华优秀传统文化相关的经典影视作品、参观博物馆等，并进行充分的指导解说，让学生们做到感同身受、引发文化共鸣、提高审美水平、丰富精神世界、增强文化认同。

（四）开展微课程教学

教师可以借助现代信息技术，创新思想政治课堂教学模式与方法。通过微课程教学，让教师与时俱进，掌握新的教学方法、教学手段，为中华优秀传统文化融入思想政治课程创造更多有利条件。以微课程的形式，分主题或分时间段为学生讲述中华优秀传统文化，帮助学生有效认识中华优秀传统文化，自觉定位中华优秀传统文化与思想政治教育的契合点。利用多媒体技术，创新课堂教学形式与手段，开展中华优秀传统文化和思政课程相融合的专题教学，为学生接触中华优秀传统文化创造并提供机会，以便将中华优秀传统文化与思想政治教育课程内容有机联系起来，实现文化育人与思政育人协同。

二、重视中华优秀传统文化课程与其他学科的结合

把握中华优秀传统文化的内涵，要深入挖掘和阐发中华优秀传统文化"讲仁爱、重民本、守诚信、崇正义、尚和合、求大同"的时代价值，使中华优秀传统文化成为涵养社会主义核心价值观的重要源泉。因此将中华优秀传统文化与其他学科相结合，可以极大地提升学生对中华优秀传统文

化的了解与认同。中华优秀传统文化涉及方方面面，在各个学科中也均有体现，值得充分探索。实现理论教育和人文素质教育的双提升，是国家对思想政治教育工作明确提出的要求，这就要求高校要充分利用其他学科的思想政治教育资源。首先，文学与历史学科具有丰富的中华优秀传统文化资源，可以用于充实思想政治教育内容。其次，要充分运用好与中华优秀传统文化相关的文学与历史经典名著资源，帮助学生了解掌握国家的发展历程。最后，要采取生动活泼的方式，将教学内容呈现给学生，增强学生的学习兴趣，在知识结构上与其原有的知识相挂钩，提高学习效率，实现中华优秀传统文化的多方面发展。

三、立足于地域文化特色

优秀的地域文化也是中华优秀传统文化的一个重要组成部分，具有鲜明的特点。这就需要教师了解本土文化，善于发现隐藏在学生身边的文化资源，并在日常的教学过程当中与教材内容相结合，激发学生的文化认同感。由于课堂时间和空间的局限性，要想让本地的优秀文化发挥出积极作用，提高学生的自信心，就需要教师找准二者的结合点。

例如，在学习传承中华传统美德身体力行的相关内容时，教师可以通过向学生提问我们当地哪些精神体现了传统美德等问题，发散学生思维，让学生自主总结当地的优秀传统美德，并在日常的生活中加以践行。通过将本土地域文化与教材内容有机融合，找到二者的契合点，更好地培养学生对中华优秀传统文化的认同感。

中华优秀传统文化是数千年来经过历史洗礼和积淀的优秀文化，也是无数学者的智慧结晶，虽然如今社会已经发生了翻天覆地的变化，思想也得到了空前解放，但是中华优秀传统文化对我们的影响仍无处不在。我们应该在继承中对其不断发展、创新，使中华优秀传统文化得到更好地弘扬与传承。

参考文献

[1]黄娟."一带一路"视野下中国传统文化探究[M].北京：中国商务出版社，
2018.

[2]陈慧，许瑞芳，冯晓莉.中国传统文化在高校思想政治教育中的作用[M].延
吉：延边大学出版社，2017.

[3]史良.传统文化与高校思想政治教育融合发展的价值研究[M].石家庄：河北
人民出版社，2019.

[4]马敬.高校思想政治教育中的文化融入[M].长春：吉林大学出版社，2017.

[5]陈亚红，何艳.传统文化与思想政治教育[M].北京：中国轻工业出版社，
2017.

[6]张微，付欣.我国传统文化与思想政治教育的融合创新研究[M].西安：西北
工业大学出版社，2019.

[7]顾博.探索中国优秀传统文化与大学生思想政治教育的融合[M].北京：九州
出版社，2018.

[8]齐艳.中国传统文化与高校思想政治教育的融合性研究[M].北京：中国广播
影视出版社，2019.

[9]赵坤，耿超. 赓续文脉 传承发展中华优秀传统文化[M]. 重庆：重庆出版
社，2021.

[10]田颂文.传统文化与高校思想政治教育融合发展的价值审视[M].北京：北
京工业大学出版社，2020.

[11]张锐，夏鑫.大数据时代高校思政工作创新研究[M].北京：北京工业大学出版社，2020.

[12]陈彦雄.高校思政课教学质量问题研究[M].北京：北京工业大学出版社，2021.

[13]周利生，汤舒俊.红色资源与高校思想政治教育[M].北京：九州出版社，2018.

[14]杨文笔.中国传统文化导论[M].银川：宁夏人民出版社，2020.

[15]宗爱东.课程思政 一场深刻的改革[M].上海：上海人民出版社，2022.

[16]陈正良，王珂，王梦作.中华传统道德的精神底蕴与现代弘扬[M].长春：吉林大学出版社，2021.

[17]袁荣高，张波，欧鋆.中国传统文化教育[M].成都：电子科技大学出版社，2019.

[18]杜昀芳，刘永记.中华优秀传统文化[M].北京：新华出版社，2021.

[19]谢芳.传统文化的传承与传播[M].天津：天津科技翻译出版有限公司.2019.

[20]杨飞，刘海华.中华优秀传统文化融入思政课研究[M].北京：燕山大学出版社，2023.

[21]余晓宏.传统文化与高校思政教育探索[M].哈尔滨：黑龙江人民出版社，2019.

[22]吴宁宁.中华优秀传统伦理文化融入高校思政课教学创新研究[M].北京：社会科学文献出版社，2023.

[23]邢大海.传统文化精神与大学思政教育[M].延吉：延边大学出版社，2018.

[24]徐以国.传统文化视角下大学生思政教育[M].北京：原子能出版社，2018.

[25]刘金玲.传统文化融入高校思政课教育教学研究[M].长春：吉林大学出版社，2018.

[26]刘丽丽，王爱巧，帖琳娜.新常态背景下高校思政课教学改革与探索[M].哈尔滨：北方文艺出版社，2022.

[27]范彬.新时代高校思政育人理论体系研究[M].长春：吉林大学出版社，2022.

[28]刘仁三.新时代高校思政育人理论研究与实践探索[M].北京：中华工商联合出版社，2021.

[29]崔岚.高校思政课程建设与大学生人文精神培养[M].北京：北京工业大学出版社，2020.

[30]陈金平.多媒体时代高校的思政教育研究[M].北京：北京工业大学出版社，2020.

[31]贾丹.中华优秀传统文化融入高校的时代价值及实现路径：以思政课为例[J].知识窗（教师版），2023(12)：108-110.

[32]邵悦.中华优秀传统文化融入高职思政教育路径探索[J].办公室业务，2023(24)：65-67.

[33]刘雪婷，徐雪.融合与创新：传承中国传统文化，创新高校思政教育[J].才智，2023(36)：49-52.

[34]熊沂，骆婉婷.中华优秀传统文化融入高校思想政治教育的对策研究[J].学校党建与思想教育,2023(24):48-50.

[35]潘家玲.挖掘中华优秀传统文化思政元素 创新思政教育实践模式[N].中国文化报，2023-12-15(003).

[36]曹菲菲，迟盛楠.推动中华优秀传统文化与思政课有效融合[N].新华日报，2023-12-10(012).

[37]周逸灵.中华优秀传统文化嵌入高职高专思政教育研究[J].成才之路，2023(34)：141-144.

[38]蔡凯文.中华优秀传统文化融入高校思政教育的方法与理路[J].江苏高教，2023(12)：131-136.

[39]张迪.中华优秀传统文化与大学生思政教育的融合路径研究[J].办公室业务，2023(23)：85-87.

[40]蔡海飞.中华优秀传统文化与思政教育融合的路径探究[J].佳木斯职业学院学报，2023(11)：40-42.

[41]宾婕.中华优秀传统文化融入高校思政课教学的路径与探索[J].才智，2023(35)：57-60.

[42]柳铭钰,张英琦.中华优秀传统文化融入高校思政教育的研究[J].成才之路,2023(33):45-48.

[43]殷欣禾.试论中华优秀传统文化和高校思政教育融合的创新途径[J].大众文艺,2023(22):160-162.

[44]孙紫桐,苗嘉宇,张志杰.革命传统文化与高校网络思政教育融合研究[J].长春师范大学学报,2023(11):123-125.

[45]邹蒲陵.高校课程思政与思政课程合力研究[D].重庆:西南大学,2021.

[46]张娜.以精准思政推进优秀传统文化融入高校思政教育研究[D].济南:山东大学,2022.

[47]秦冰馥.中华优秀传统文化融入高校思想政治教育研究[D].长春:东北师范大学,2021.

[48]陈美含.中华优秀传统文化融入大学生思想政治教育研究[D].长春:长春工业大学,2021.

[49]杨一琼.中华优秀传统文化融入大学生思想政治教育研究[D].锦州:渤海大学,2021.

[50]代霞.中华优秀传统文化融入高校思想政治教育的路径研究[D].成都:西华大学,2021.